中共天津市委党校（天津行政学院）组织编写
徐瑛 主编
饶华 张健 副主编

津韵华章

中国式现代化的天津故事

『中国式现代化的故事』丛书
张占斌 总主编

国家出版基金项目
NATIONAL PUBLICATION FOUNDATION

中央党校出版集团
国家行政学院出版社
NATIONAL ACADEMY OF GOVERNANCE PRESS

图书在版编目（CIP）数据

津韵华章：中国式现代化的天津故事 / 徐瑛主编；饶华，张健副主编 . — 北京：国家行政学院出版社，2024.4

（“中国式现代化的故事”丛书 / 张占斌主编）

ISBN 978-7-5150-2841-5

Ⅰ . ①津… Ⅱ . ① ①徐… ②饶… ③张… Ⅲ . ①现代化建设—研究—天津 Ⅳ . ① D672.1

中国国家版本馆 CIP 数据核字（2024）第 009880 号

书　　名　津韵华章——中国式现代化的天津故事

JINYUN HUAZHANG——ZHONGGUOSHI XIANDAIHUA DE TIANJIN GUSHI

作　　者　徐　瑛　主编　饶　华　张　健　副主编

统筹策划　胡　敏　刘韫劼　陈　科

责任编辑　陈　科　刘　锦

责任校对　许海利

责任印刷　吴　霞

出版发行　国家行政学院出版社

（北京市海淀区长春桥路 6 号　100089）

综 合 办　（010）68928887

发 行 部　（010）68928866

经　　销　新华书店

印　　刷　北京新视觉印刷有限公司

版　　次　2024 年 4 月北京第 1 版

印　　次　2024 年 4 月北京第 1 次印刷

开　　本　170 毫米 × 240 毫米　16 开

印　　张　15.5

字　　数　217 千字

定　　价　68.00 元

本书编委会

出版说明

党的二十大报告指出，从现在起，中国共产党的中心任务就是团结带领全国各族人民全面建成社会主义现代化强国、实现第二个百年奋斗目标，以中国式现代化全面推进中华民族伟大复兴。习近平总书记在中央党校建校 90 周年庆祝大会暨 2023 年春季学期开学典礼上的讲话中首次创造性提出“为党育才、为党献策”的党校初心。紧扣党的中心任务，践行党校初心，中央党校出版集团国家行政学院出版社和中央党校（国家行政学院）中国式现代化研究中心特别策划“中国式现代化的故事”丛书，邀请地方党校（行政学院）、宣传部门、新闻媒体、行业企业等方面共同参与策划和组织编写，从不同层次、不同维度、不同视角讲述中国式现代化的地方故事、企业故事、产业故事，生动展示各个地区、各个领域在大力拓展中国式现代化新征程上的理念创新、实践创新、制度创新、文化创新等，精彩呈现当代中国以中国式现代化全面推进中华民族伟大复兴的宏大历史叙事，以讲好中国式现代化的故事来讲好中国故事。

该丛书力求体现这样几个突出特点：

其一，文风活泼，以白描手法代入鲜活场景。本丛书区别于一般学术论著或理论读物严肃刻板的面孔，以生动鲜活的题材、清新温暖的笔触、富有现场感的表达和丰富精美的图片，将各地方、企业推进中国式现代化建设的理论思考、战略规划、重要举措、实践路径等向读者娓娓道来，使读者在沉浸式的阅读体验中获得共鸣、引发思考、受到启迪。

其二，视野开阔，以小切口反映大主题。丛书中既有历史人文风貌、经济地理特质的纵深概述，也有改革创新举措、转型升级案例的细节剖解，既讲天下事，又讲身边事，以点带面、以小见大，用故事提炼经验，以案例支撑理论，从而兼顾理论厚度、思想深度、实践力度和情感温度。

其三，层次丰富，以一域之光映衬全域风采。丛书有开风气之先的上海气度，也有立开放潮头的南粤之声；有沉稳构筑首都经济圈的京津冀足音，也有聚力谱写东北全面振兴的黑吉辽篇章；有在长江三角洲区域一体化发展中厚积薄发的安徽样板，也有在成渝地区双城经济圈中走深走实的川渝实践；有生态高颜值、发展高质量齐头并进的云南画卷，也有以“数”为笔、逐浪蓝海的贵州答卷；有“强富美高”的南京路径，也有“七个新天堂”的杭州示范……。丛书还将陆续推出各企业、各行业的现代化故事，带读者领略中国式现代化的深厚底蕴、辽阔风光和壮美前景。

“中国式现代化的故事”丛书既是各地方、企业推进中国式现代化建设充满生机活力的形象展示，也是以地方、企业发展缩影印证中国式现代化理论科学性的多维解码。希望本丛书的出版，能够为各地方、企业搭建学习交流平台，将一地一域的现代化建设融入全面建设社会主义现代化国家的大局，步伐一致奋力谱写中国式现代化的历史新篇章。

国家行政学院出版社

“中国式现代化的故事”丛书策划编辑组

总序

党的二十大擘画了全面建成社会主义现代化强国、以中国式现代化全面推进中华民族伟大复兴的宏伟蓝图。中国式现代化是前无古人的开创性事业，是强国建设、民族复兴的康庄大道。回顾过去，中国共产党带领人民艰辛探索、铸就辉煌，用几十年时间走完西方发达国家几百年走过的工业化历程，创造了经济快速发展和社会长期稳定的两大奇迹，实践有力证明了中国式现代化走得通、行得稳；面向未来，在以习近平同志为核心的党中央坚强领导下，各地方各企业立足各自的资源禀赋、区位优势和产业基础、发展规划，精心谋划、奋勇争先，在推进中国式现代化过程中将展现出一系列生动场景，一步一个脚印地把美好蓝图变为现实形态。

中国式现代化，是中国共产党领导的社会主义现代化，既有各国现代化的共同特征，又有基于自己国情的中国特色。中国式现代化，是人口规模巨大的现代化，是全体人民共同富裕的现代化，是物质文明和精神文明相协调的现代化，是人与自然和谐共生的现代化，是走和平发展道路的现代化。这五个方面的中国特色，不仅深刻揭示了中国式现代化的科学内涵，也体现在不同地方、企业推进现代化建设可感可知可行的实际成果中。中国式现代化理论为地方、企业现代化的实践探索提供了不竭动力，地方、企业推进中国式现代化建设的成就也印证了中国式现代化道路行稳致远的时代必然。

为讲好中国式现代化的故事，更加全面、立体、直观地呈现中国式现代化的丰富内涵和万千气象，中央党校（国家行政学院）中国式现代化研究中心和中央党校出版集团国家行政学院出版社联合策划推出“中国式现代化的故事”丛书，展现各地方、企业等在着眼全国大局、立足地方实际、发挥自身优势，推进中国式现代化建设上的新突破新作为新担当，总结贯穿其中的完整准确全面贯彻新发展理念、构建新发展格局、推动高质量发展的新理念新方法新经验。我们希望该系列丛书一本一本的出下去，能够为各地更好推进中国式现代化建设以启迪和思考，为以中国式现代化全面推进中华民族伟大复兴凝聚更加巩固的思想基础，为进一步推进中国式现代化的新实践、书写中国式现代化的新篇章汇聚磅礴力量。

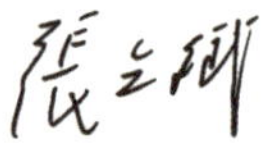

中央党校（国家行政学院）中国式现代化研究中心主任

2023 年 10 月

序 言

渤海明珠天津，是从一片烟波浩渺的大海中走出的城市。藉鱼盐之利，行舟楫之便，使人民安居乐业，地区富庶繁华，被各朝各代视为要地。宋金以后，均有重兵驻扎，明朝设卫建城，地位愈加显赫。近代百年风云，天津堪称缩影。现代教育、社会管理、经济发展、科技进步，天津均开先河，中国式现代化之路，天津也将走得更加坚实。

黄河冲积，海面下降，逐渐形成了天津平原。平原陆地经历了自西北向东南、自西向东阶段性朝渤海逐步退却的历史过程。距今5000年前的天津平原地区，除蓟县、宝坻（老秦城）、武清（杨村）等区域，其余大部分都淹没在茫茫大海之中。到了隋唐时期，除塘沽之外的天津沿海平原地区已基本成陆。随着元末时塘沽地区的海退，天津平原已完全露出海面，形成目前的海陆格局。当前，天津东部至少还分布着四道高出地面并与海岸线大致平行的长堤，这些长堤由海洋贝壳及碎屑堆积形成，是天津平原逐渐成陆、渤海阶段性后退留下的古海岸“足迹”，四道贝壳堤默默地见证着天津成陆的历史变迁。

天津的形成与发展，得益于得天独厚的自然地理环境和交通条件，河海衔接使天津成为交通的枢纽，沿河沿海的地理特征又使得天津具有渔盐之利。靠着海盐与漕运，天津从沼泽与荒滩中发展起来，并成为推动天津城市早期形成与发展的两大经济支柱，使这片区域从退海之地逐步发展成为直沽寨、海津镇。

明朝建文二年（1400 年），燕王朱棣在此渡河南下争夺皇位，开启了靖难之役。朱棣成为皇帝后，为了纪念起兵之地，赐名天津，意为天子经过的渡口，并在 1404 年 12 月 23 日筑城设卫，史称天津卫。这一天成了天津正式建城的具体时间，天津作为一个完整意义的城市的历史由此开始，天津也成为唯一一个有确切建城时间的历史名城，这一天被称为天津的生日。现在，天津已经 620 岁了！ 1421 年，永乐皇帝将首都由应天（今南京）迁至北京，天津便成了京城的门户，军事地位日益凸显。此时横贯南北的大运河使得天津成了供给首都北京物资的转运中心，仅粮食每年都有几百万石通过大运河经天津运往北京。清康熙年间，随着京杭大运河的进一步畅通，三岔河口发展为天津最早的商品集散地，天津也成为中国北方水运交通枢纽。放宽海禁后，清政府允许海外贸易的发展，一时间国内国外商品汇至津门，再由天津发向全国。此时，天津商业和贸易中心的地位日益显现出来。

1860 年，天津被迫开埠，英、法、美、德、日、俄、意、比、奥九国在此设立租界，天津成为设立租界国别最多的口岸城市。从此天津成为外国列强在中国倾销商品、掠夺原料、输出资本的重要基地。一大批外国冒险家、传教士、富豪纷至沓来，营建洋行、银号、商店、花园、娱乐场、办公楼，开办仓储、航运、进出口贸易，建立医院、学校，盖洋房，造别墅。帝国主义列强在租界里设立领事馆、警察、武装部队。租界里市政建设、公用事业、财政事务等全由租界当局任意施行，成为完全独立于中国行政和法律之外的“国中之国”，成为侵略中国、欺压中国百姓的据点和桥头堡。租界的纷纷设立，使天津迅速发展成一个以外贸为主的港口城市，城市变得极其繁华，从街道、建筑物到饮食、穿着打扮，天津成为一个极具多元化的中西合壁的城市，但同时天津的商业税收几乎都进入了列强的腰包，白银外流现象极其严重。

真正为天津城市发展奠定经济基础、实现现代化起步的是晚清时期的“洋务运动”。天津作为北方洋务运动的中心、学习西方文化的试验田，是中国近代工业的发祥地之一，是我国民族工业的摇篮。自洋务运动起，经历官办、官商合办、官督商办、商办发展历程后，到20世纪30年代，天津的工业门类、工厂总数和投资规模位居北方第一，全国第二。由天津开始的军事近代化，以及铁路、电报、电话、邮政、采矿、近代教育、司法等方面建设，均开中国之先河，创造了近代中国100个第一。清末民初时期的天津已经成为中国经济最发达的城市之一，“南有上海滩，北有天津卫”，天津逐步成为北方最大的工商业和港口城市、北方经济中心。

不能忘却的是，天津是近代西方列强侵华以来，受尽凌辱、灾难深重的城市。天津在1860年、1900年、1937年先后被英法联军、八国联军、日本侵略军攻占。在不到100年的时间里三次沦陷，全国仅有、世界罕见。

近百年来的天津成为近代中国演变的缩影，凝聚了近代中国百年历史风云，故有“百年中国看天津”之说。

1949年10月1日新中国成立后，北平改称北京，并成为中央直辖市。与此同时，天津也被定为中央直辖市。解放后的天津，在城市管理与改造、政策制定与实施、社会恢复与稳定等方面进行了一系列探索，很快走出了战争带来的阴霾，社会秩序逐渐稳定，政治、经济、文化重新步入正常轨道，为中国共产党顺利接管治理大城市提供了“天津经验”与“天津模版”。全国第一台电视机、第一块手表、第一台电子计算机、第一个综合购物商场、第一部电梯、第一个集装箱码头、第一座蝶式立交桥、第一座最大的垂直提升式钢结构跨河大桥——海门大桥等，诸多全国第一都在天津诞生，天津为新中国建设作出了巨大贡献。

党的十一届三中全会后，天津市委、市政府高举中国特色社会主义伟大旗帜，坚定不移地贯彻执行党的十一届三中全会以来路线方针政策，团结带领全市人民不断解放思想，开拓创新，深化改革，扩大开放，推进有天津特点的社会主义现代化建设。天津始终坚持以经济建设为中心，全市经济综合实力显著提升，质量效益稳步提高；以纳入国家总体发展战略布局为标志，滨海新区迅速崛起，龙头带动作用明显提升，对外开放门户作用日益显著；不断深化产业结构调整，加快重点领域转型升级，现代沿海都市型农业基本形成，现代制造业基地初具规模，现代服务业功能不断提升；充分发挥沿海开放城市的优势，不断改善投资环境，对外开放规模迅速扩大，外向型经济形成新格局；大胆尝试，锐意创新，所有制改革稳步推进，国有企业改革不断深化，社会保障体制改革成效明显；不断加大投资力度，逐步改善投资结构，各项建设快速发展，城市面貌发生显著变化；民计民生明显改善，各项社会事业发展成就辉煌，人民生活水平显著提高。

党的十八大以来，天津市委、市政府坚持以习近平新时代中国特色社会主义思想为指导，深入贯彻落实习近平总书记对天津工作提出的“三个着力”重要要求和一系列重要指示批示精神，全市上下高举旗帜、牢记使命，勇于担当、忠诚履职，把坚定捍卫“两个确立”、坚决做到“两个维护”体现到经济社会持续稳定健康发展的成效中，牢记天津之特、天津之卫，坚定不移筑牢首都的政治“护城河”。天津立足新发展阶段，贯彻新发展理念，着眼国家发展大格局，主动承接北京非首都功能疏解，不断推动京津冀协同发展走深走实；大力实施创新驱动发展战略和制造业立市战略，以国家重大科技设施和创新平台为引领的战略科技力量体系不断完善，“1+3+4”现代工业产业体系初步形成；不断优化城市空间布局，打造紧凑活力“津城”和创新宜居“滨城”，加快构建“津城”“滨城”双城发展格局；深入践行习近平生态文明思想，大力实施重大生态建设工程，铁腕治污守好京津“绿肺”，生态宜居城市建设成效显著；坚持以人民为中心的发展思想，围绕衣食住行、业教保医等群众最关心、最迫切、最现实问题，倾心倾力为民服务，交出满意惠民答卷；毫不动摇坚持和加强党的全面领导，不懈推进新时代党的建设新的伟大工程，以高质量党建引领高质量发展。

2024 年 2 月，习近平总书记又一次亲临天津视察指导，从战略和全局的高度为天津发展指航定向，进一步明确了天津发展的新目标、新使命、新任务。全市上下迅速掀起贯彻落实习近平总书记重要讲话精神的热潮，牢记嘱托，勇担使命，开拓进取，聚焦经济建设这一中心工作和高质量发展这一首要任务，以推进京津冀协同发展为战略牵引，努力在发展新质生产力上善作善成，在进一步全面深化改革开放上善作善成，在推动文化传承发展上善作善成，在提升城市治理现代化水平上善作善成，奋力谱写中国式现代化天津篇章。

目 录

第一章 百年沧桑：饱经风霜的渤海明珠

第二章　激浊扬清：开拓奋进的砥柱中流

第三章　奋楫征棹：

质效并举的历史飞跃

第四章　励精图治：

政通人和的治理新篇

第五章　敢为人先：
海纳百川的天下之津

第六章　务实进取：安居乐业的民生画卷

后　记

第一章

百年沧桑：饱经风霜的渤海明珠

现代化是近代以来人类社会发展的历史趋势，是近代以来中华民族实现民族伟大复兴的孜孜梦想。天津“当河海之要冲，为畿辅之门户”，这一特殊区位为天津历史发展进程带来深刻影响。近代以来，特别是第二次鸦片战争后西方列强入侵天津，拉开了天津近代历史的帷幕，天津人民一边进行着不屈不挠的英勇抗争，一边艰辛开启现代化探索。在中国共产党领导下，天津人民开启了由被动卷入现代化到自主探索中国式现代化的伟大历史进程。党领导天津人民夺取新民主主义革命的胜利，开展社会主义革命、推进社会主义建设，推动改革开放和社会主义现代化建设。党的十八大以来，全市人民深刻领悟“两个确立”的决定性意义，增强“四个意识”、坚定“四个自信”、做到“两个维护”，奋进全面建设社会主义现代化大都市的新征程，奋力谱写新时代新征程中国式现代化的天津篇章。

一、天津现代化早期探索

近代以后，天津人民在半殖民地半封建的历史条件下反抗外来侵略、寻求救国真理、兴办实业教育，自发进行现代化的探索，在不断的挫折与失败中艰难前进，终于在中国共产党的领导下实现了民族独立和人民解放，结束了半殖民地半封建社会的屈辱历史，为自主开展中国式现代化建设创造了根本社会条件。

（一）民族危机日益加剧形势下的天津早期现代化探索

随着中国逐步成为半殖民地半封建社会，天津的近代历史成为一部不断遭受西方列强侵略的屈辱史。1860 年天津被辟为通商口岸后，西方列强凭借不平等条约，不断加强对天津政治、经济、文化的侵略控制，使天津逐步成为半殖民地半封建城市。英、法、美、德、日、俄、意、奥、比九国在天津强设租界，其面积相当于天津旧城的 9.98 倍，西方列强利用租界及其攫取的种种特权，加紧对天津进行控制和掠夺，并把天津作为扩大对中国侵略的桥头堡和基地。在天津，西方资本主义国家和殖民主义者倾销鸦片，毒害中国人民；设立工厂，掠夺中国资源，利用中国廉价劳动力进行商品生产和剥削；开设洋行，加强对天津甚至华北地区的资本输出和金融控制；设立半殖民地性质的海关制度，控制天津海关，垄断天津港口和进出口贸易；通过洋行、银行、轮船公司、保险公司、公证行等，控制天津及华北、东北、西北的内外贸易；利用租界所享有的治外法权，庇护封建军阀、政客、官僚，破坏中国人民的革命斗争。特别是1937年日本帝国主义全面侵华后，在天津实行残酷政治统治和野蛮经济掠夺。日伪当局以“军管理”的形式直接霸占中国工厂，大中型民族企业几乎都被置于日本人控制之下。强制推行所谓“日支合作的经济开发”政策，把天津经济生产能力纳入日本战时经济体制，以控制天津经济命脉，为日本扩大对华侵略服务。

天津人民具有抵御外侮、反抗压迫的光荣传统，近代以来对外国侵略势力和本国封建势力开展了英勇顽强的斗争。1858—1860年奋起反抗英法侵略者，1870年开展火烧望海楼等反洋教斗争，1900年英勇抗击八国联军入侵，1911年投入推翻清王朝统治的辛亥革命，彰显了天津人民伟大的爱国精神和不屈的民族节气，但这些斗争在中外反动势力镇压下最终以失败告终。

在反抗侵略与压迫中探索自强道路，天津近代工业得到曲折发展。天津近代工业兴起源于洋务运动中官办军事工业的出现。19世纪60年代末，天津成为北方洋务运动的中心。天津机器局、大沽船坞等军事工业先后建立，成为中国第一批使用机器生产的早期现代化企业。自19世纪70年代起，洋务派又兴办一批采矿、冶炼、铁路、电讯等民用工业。1872年筹办的轮船招商局是中国第一个近代交通企业。1878年创办的开平煤矿，被誉为天津工业发展的“新纪元”。1878年设立的华洋书信馆和1880年设立的天津电报总局，使天津成为中国近代邮电事业的起点。1887年天津铁路公司建立，1888年津唐铁路通车，逐步形成以天津为中心的全国第一个铁路网。19世纪70年代后，近代民族资本主义在天津发展起来。1878年开设的“贻来牟机器磨坊”成为天津第一家近代民族资本企业。甲午战争后，民族资本投资的新式工业迅速发展，20世纪初叶，天津一跃成为仅次于上海的全国第二大工业城市。1902—1914年，民族资本在天津开办的主要工业企业近 40 家，逐步建立起由日用品工业、食品工业、织染工业、铸铁和机器工业为主的天津工业体系，其数量和资本额居全国前列。1914—1918 年，天津民族资本主义工业有了进一步发展。裕元、华新、恒源等 6 家大型纺织厂相继建立，天津成为全国第二大棉纺织业城市。面粉企业由 10 多家发展到 29 家，天津逐步成为全国面粉工业基地之一。第一次世界大战期间，由于洋货进口锐减，物价普遍上涨，商业资本积累加快，有力地刺激了民族商业的发展，天津成为中国北方最大的商埠。天津金融业也有了明显发展，本国资本在天津开办的银行有 14 家，在全国处于第三位。天津近代民族工业和民族资本的初步发展是近代中国的先进分子顺应历史发展趋势，充分利用天津独特区位优势艰辛探索的结果。它对推动天津经济社会发展起到了积极作用，催生了新的经济形态、新的阶级阶层和新的思想文化，但受制于半殖民地半封建社会性质而无法摆脱依附性地位，面对帝国主义侵略和国内封建主义、官僚资本主义压迫，难以实现独立自主的发展。

在近代以来的社会矛盾发展演变中，天津无产阶级逐步产生成长起来。19 世纪 60 年代以后，随着近代工业的产生与发展，天津最早的近代产业工人产生。甲午战争前，天津近代产业工人达到 8000 人左右，约占全国工人总数的 8%。第一次世界大战前后，民族资本和外国资本在天津迅速增长，工人数量不断上升，到 1921 年，产业工人已近 10 万人。在半殖民地半封建社会里成长起来的天津无产阶级，遭受着帝国主义、封建势力和资产阶级的残酷剥削和压迫。为了反抗压迫，天津无产阶级进行了不间断的自发斗争，并在反帝反封建斗争中初步显示出自身力量。

（二）天津现代化探索的根本社会条件

历史证明，帝国主义、封建主义和官僚资本主义严重阻碍中国现代化发展进程，推进中国现代化必须以科学真理引领方向，必须在先进的无产阶级政党领导下凝聚力量，必须以彻底反帝反封建的民族民主革命开辟道路。在近代以后中国社会的剧烈运动中，在中国人民反抗封建统治和外来侵略的激烈斗争中，在马克思列宁主义同中国工人运动的结合过程中，1921 年中国共产党应运而生。中国共产党一经诞生，就把为中国人民谋幸福、为中华民族谋复兴确立为自己的初心使命，担负起领导开辟中国现代化道路的历史任务。从此，中国人民的革命斗争有了坚强的领导核心，对现代化道路的探索从被动转为主动。党通过领导人民夺取新民主主义革命的胜利，实现天津解放，建立人民政权，为中国式现代化天津实践创造了根本社会条件。

五四运动与天津地方党组织的建立。天津是中国最早传播马克思主义的地区之一。俄国十月革命后，李大钊发表的《法俄革命之比较观》《庶民的胜利》《布尔什维主义的胜利》等文章在天津青年学生和进步知识分子中广泛流传，使天津的先进分子初步受到马克思主义思想启蒙。1919 年五四运动爆发，天津各

中共天津地委成立大会旧址

界群众尤其是爱国学生立即响应，参与到反帝爱国运动中，加速了马克思主义的传播。在创立中国共产党早期组织的过程中，张太雷等早期党团员积极在天津工人中开展宣传工作。李大钊和北京共产党早期组织的其他成员也多次来津指导，帮助领导开展工人运动。1920 年 10 月，天津社会主义青年团成立，组织学习、研究马克思主义，并深入工人群众开展革命宣传工作。中国共产党成立后，李大钊指导天津党组织创办工人学校，发展天津早期党员。1924 年春，于树德等 5 名党员和候补党员成立天津党小组。同年 9 月，天津全体共产党员在法租界普爱里 34 号举行中共天津地方执行委员会成立大会。中共天津地委的成立，使天津人民的革命斗争有了更加坚强有力的领导核心。

党领导天津人民夺取新民主主义革命的伟大胜利。建党之初和大革命时期，党组织积极发动天津工人运动、青年运动、农民运动、妇女运动，领导天津人民投入国民会议运动和大革命运动中，有力推动了北方革命形势的发展。土地革命时期，天津较长时间作为党在北方革命运动的指挥中心。中共中央北方局、中共顺直省委、中共河北省委在天津设立，领导天津、河北、山西、北京、察哈尔、热河、绥远、豫北、陕北等地党的组织和革命运动。八七会议后，党在天津领导北方地区革命暴动与武装斗争。中共中央先后派刘少奇、陈潭秋、周恩来等到天津指导顺直省委工作。九一八事变后，中日民族矛盾逐渐超越国内阶级矛盾上升为主要矛盾，党在天津广泛开展抗日救亡运动。为贯彻瓦窑堡会议精神，1936 年春，刘少奇来到天津主持北方局工作，推动华北抗日民族统一战线初步形成。1937 年全民族抗战爆发后，天津党组织在沦陷城市坚持抗日斗争，领导发动冀东抗日武装暴动，创建盘山抗日根据地和开展敌后游击战，最终迎来抗日战争的胜利。抗战胜利后，党领导天津人民开展了争取和平民主、抗议美军暴行和反饥饿、反内战等一系列斗争，严重动摇了国民党在天津的统治根基，有力地配合了人民解放战争的胜利推进，形成了反对国民党统治的第二条战线。1949 年 1 月 14 日—15 日天津战役历时 29 个小时，全歼国民党守敌 13 万人。

1949年1月15日，中国人民解放军解放我国北方最大的工商业城市——天津。至此，天津结束了半殖民地半封建的屈辱历史，人民实现解放。

天津市民欢迎解放军进城，庆祝天津解放

党领导天津人民迅速恢复发展生产。天津解放后，市委领导全市人民迅速实现全面完整的城市接管，建立和巩固人民民主政权，恢复和发展国民经济。在城市，稳步推进国营工厂企业民主改革、民族工商业复工复产。没收官僚资本，组建社会主义性质的国营经济，逐步开展国营工厂企业民主改革，促进管理民主化，提高了工人的主人翁意识和恢复发展生产的积极性。至1949年6月底，许多国营工厂的生产，不但恢复原有产量，而且有的比国民党统治时期提高20%~30%。天津曾是资本主义工商业比较集中的城市。1949年初，天津私营工商户约有36725户，职工总数11万多人。天津解放前，民族工商业多数被迫停产，有的甚至面临破产。市委、市政府坚决执行党的保护与发展私营工商业的政策，坚持“公私兼顾”“劳资两利”方针，大力推动私营工商业复工复业，至 1949 年 2 月底，私营工业复工者达 89%，商业复工者达 90%。在农村，稳步开展土地改革运动。先后制定《关于市郊农田土地问题暂行解决办法的决定》《各区土地问题解决办法》等政策，派出工作团推进工作。至 1949 年 6 月，津郊第一次土地改革结束，基本消灭了封建剥削。市政府还发放农业贷款 3553 万元，有重点地扶助新租到土地的农民发展生产。这次津郊土改，使广大农民在党的领导下基本实现土地制度的革命性变革，调动了农民生产积极性，促进了农业生产的发展，为支援全国解放战争和天津城市发展作出贡献。

1949 年 10 月 1 日，中华人民共和国成立。天津人民和全国人民一起，在党的领导下，经过长期艰苦奋斗，终于赢得了中国革命的胜利。现代化道路在天津的早期探索充分证明，只有无产阶级领导的新民主主义革命才能彻底完成反帝反封建的历史任务，为中国式现代化建设扫清障碍，为实现国家富强和人民幸福开辟广阔道路。

二、天津社会主义现代化建设取得辉煌成就

新中国成立后，党领导人民建立人民政权，实现民族独立和人民解放，为现代化建设提供了根本保证，开辟了现代化探索的历史新纪元。天津市委、市政府领导全市人民发扬历史主动精神，进行社会主义革命，实现从新民主主义到社会主义的转变，为天津现代化建设奠定根本政治前提和制度基础。在此基础上，坚持自力更生、艰苦奋斗，领导全市人民大力推进社会主义“四个现代化”建设，为现代化建设打下坚实的物质基础。改革开放和社会主义现代化建设新时期，在党中央坚强领导下，市委、市政府坚持改革开放、开拓创新，领导全市人民实现从封闭半封闭到全面对外开放，从计划经济到社会主义市场经济的历史性转变，带领全市人民率先基本实现了现代化。

（一）天津开启中国式现代化探索的历史新纪元

在新的政治局面下开启中国式现代化探索。从 1949 年天津解放到 1956 年基本完成社会主义改造，天津市委认真贯彻党中央的各项指示，带领全市人民相继实现了由半殖民地半封建社会到建设人民当家作主的新社会和从新民主主义到社会主义的两个历史性转变。新中国成立初期，天津市委贯彻党中央的部

署，带领全市人民开展各项民主改革，建立新的社会秩序，在没收官僚资本的基础上，建立国营经济，发展新民主主义经济，开展抗美援朝、镇压反革命、“三反”“五反”运动，保卫和巩固人民政权。到 1952 年底，全市国民经济全面恢复，为开展有计划的经济建设和社会主义改造准备了条件。

带领天津人民全面实行社会主义改造。1953 年，党中央提出过渡时期总路线，开始采取社会主义工业化和社会主义改造同时并举的方针，积极探索社会主义现代化道路。在党的过渡时期总路线指引下，天津市开始实行对农业、手工业和资本主义工商业的社会主义改造，到 1956 年基本完成，社会主义制度在天津确立起来。

胜利完成天津“一五”计划，开始有计划地进行城乡社会主义建设。1954年，在第一届全国人民代表大会第一次会议开幕词中，毛泽东提出：“准备在几个五年计划之内，将我们现在这样一个经济上文化上落后的国家，建设成为一个工业化的具有高度现代文化程度的伟大国家。”根据党中央决策部署，天津市编制和成功实施第一个五年计划。在制定和实施“一五”计划的基础上，天津市开展有计划的经济建设，掀起了以工业项目为主体的建设热潮。1956 年，天津市

第一个五年计划时期建成的天津白庙工业区

提前超额完成第一个五年计划的各项任务。第一个五年计划期间，天津工业创造产品产值达 150 亿元以上，完成五年累计计划的 106%。1957 年，全市工业总产值达 40.44 亿元，相当于 1952 年的 2.1 倍，年平均增长率为 17.1%。1957 年，天津工业产值占全国的 6.56%，仅次于上海、辽宁，居全国第三位；从地方工业来看，天津 1957 年产值约占全国地方工业的 12.3%，仅次于上海，居全国第二位。天津市工业结构发生了很大变化，重工业年均发展速度为 47.9%，比重由 1949 年的 12.7% 上升到 1956 年的 36.52%。同期，全市农业、商业、科学、文教、卫生、体育事业也有长足进步，人民生活水平大幅提高。

在曲折中推进天津“四个现代化”建设。1956 年 9 月，党的八大正确分析了我国阶级关系和主要矛盾的变化，指出党和全国人民的主要任务，就是把我国尽快地从落后的农业国变为先进的工业国，并以此制定党的方针政策。党的八大后，天津市委加强对经济工作的领导。1956 年，在总结“一五”计划经验的基础上，开始酝酿编制天津市第二个五年计划，提出了工业生产、农业生产、商品流转、社会主义改造以及提高人民生活等方面的基本任务。1958 年，市委提出“把天津由一个以轻工业、纺织工业为主的综合性工业城市发展成为一个文化发达、学风兴盛，能够生产高级、精密、大型产品，以钢铁工业、机电工业、化学工业为主的现代化综合性工业城市”作为天津市总体发展目标，要求必须从以轻纺工业为主的城市逐步向以机械、化工、冶金工业为主的综合性工业城市转变，提出建设“现代化综合性工业城市”的发展目标，并制定相应发展举措。1964 年，第三届全国人民代表大会第一次会议正式提出我国实现“四个现代化”的任务。在党和人民的共同努力下，天津市采取各种措施积极发展经济，一些重点项目建设取得显著成绩，天津铁厂、天津石油化工总厂等投入建设，天津现代化综合性工业城市建设具备了重要基础，教育、科学、文化、卫生、体育事业实现很大发展，为改革开放后在新的政治条件下全面推进社会主义现代化建设奠定了重要的物质基础。

（二）推进有天津特点的社会主义现代化建设

改革开放和社会主义现代化建设新时期，党坚持以经济建设为中心，以理论创新引领中国式现代化建设，坚持改革开放，推动我国实现了从高度集中的计划经济体制向充满活力的社会主义市场经济体制转变，从封闭半封闭向全方位开放的历史性转变，成功开辟了中国特色社会主义建设道路和中国式现代化发展道路。天津市委、市政府高举中国特色社会主义伟大旗帜，坚定不移地坚持党的基本理论和基本路线，坚持解放思想、实事求是、改革创新，坚持把中央精神与天津实际紧密结合，坚持发展是第一要务，制定和实施适合天津实际的发展战略和政策措施，大力推动天津社会主义现代化建设。

党的十一届三中全会后，天津市委、市政府领导全市人民把工作重点转移到经济建设上来。1983 年，天津市第四次党代会贯彻党的十二大精神，提出到 20 世纪末把天津建设成为社会主义现代化的工商业城市。1984 年，国务院对《天津市进一步实行对外开放的报告》作出批复，明确天津社会主义现代化建设的功能定位和发展方向。1985 年，天津市编制改革开放后首份城市总体发展规划，明确将天津建设成为“拥有先进技术的综合性工业基地，开放型、多功能的经济中心和现代化的国际性港口城市”的发展目标。党的十四大召开后，天津市委、市政府进一步明确天津发展战略，先后实施了“三五八十”阶段性奋斗目标和天津市“三步走”发展战略。天津市第七次党代会和第八次党代会提出，把天津建设成为现代化港口城市和我国北方重要的经济中心，成为全国率先基本实现现代化的地区之一。天津市第九次党代会后，市委立足新的发展阶段，制定并实施“一二三四五六”新的阶段性奋斗目标，推动天津科学发展、和谐发展、率先发展。

稳步推进农业、农村、农民现代化。1983 年，天津快速完成了农村家庭联产承包责任制和人民公社行政体制改革，农村生产力得到快速发展。市委、市政府提出“服务城市，富裕农民”的方针和“城乡一体化发展”的战略思想，制定支持现代农业和城郊型农业发展的政策，制定天津乡镇企业发展规划，出台支持乡镇企业发展的政策体系，促进了农业现代化和乡镇企业异军突起。至1991年底，天津市共有乡镇企业39556家，职工89.3万人，固定资产原值58.4亿元，分别是1978年的9倍、2.6倍和7倍，乡镇企业一度成为全市经济发展的重要支柱，为全市经济社会发展作出重要贡献。进入21世纪，天津明确大力发展都市型农业，以大力推进农村工业化和城市化进程加快农村现代化。通过规划引领、政策扶持，农村现代化建设加快发展。至2012年，天津农林牧渔总产值为375.62亿元，是1978年的55.9倍；农村居民人均可支配收入13571元，是1978年的88.7倍。1979—2012年，农村居民人均可支配收入年均增长率为14.1%。天津农村经济结构持续优化，农民收入快速提升，农村基本实现现代化。

深入实施国有企业改革，推进国有经济现代化。改革开放以来的历史实践说明，国有企业是中国式现代化的重要参与者、有力推动者和坚定实践者。天津市国企改革从扩权和推广完善承包经营责任制起步。1979年5月，天津动力机器厂、天津自行车厂等8家企业作为第一批国家经济体制改革试点单位，实行利润留成制度，扩大了企业经营自主权。1984年，党的十二届三中全会召开后，天津开始广泛推行多种形式的承包经营责任制，从1988年起，根据中央精神，天津扩大实施企业承包责任制。党的十四大召开后，国有企业改革进入新的阶段，由放权让利改革向建立现代企业制度改革转变。天津在实施“三五八十”阶段性奋斗目标中，提出用8年左右时间，把国有大中型企业嫁接改造调整一遍。天津市通过改革、改组、利用外资、引进先进技术与管理、调产业调行业经营等多种形式和途径，搞活企业经营机制，促进企业制度创新。到1999年底，全市748户国有大中型企业“嫁改调”的阶段性工作目标提前两年完成，此后，又实施第二轮“嫁改调”。通过“嫁改调”，形成一批有一定影响和经济实力的企业集团和重点企业，推动大多数国有大中型骨干企业初步建立现代企业制度，推动全市工业结构和产业结构发生重大变化，形成以电子信息、生物技术与现代医药、新能源新材料为龙头的高新技术产业集群。随着国企改革向纵深推进，国有资产管理体制改革迈出重要步伐。2004 年，天津市成立市国资委，建立起管资产与管人、管事相结合的国有资产管理体制，推动由管企业向管资本转变。2012 年，天津市国有资产超百亿元的企业达 33 家，市管金融企业资产规模突破 1 万亿元，有力促进了国有资产保值增值责任的落实，推动国资监管体制机制改革向纵深发展。

加快对外开放步伐，以对外开放引领全市现代化建设。党的十一届三中全会召开后，天津市积极发挥区位优势，坚定不移地实施扩大对外开放，构建形成多层次、多形式的对外开放格局。天津市积极吸引外资、扩大对外贸易，启动对外开放。1980 年，天津市首家中外合资企业中法合营王朝葡萄酿酒有限公司成立；1982 年，天津口岸出口额 14.24 亿美元，比 1978 年增长 65%。1984 年 5 月，党中央、国务院决定开放天津等 14 个沿海港口城市，根据中央精神，天津市委、市政府决定建立天津经济技术开发区，加快利用外资、引进先进技术的步伐。开发区遵循“以工业为主，以利用外资为主，以出口创汇为主”的建区方针，坚持走外向型工业发展的新路，大力兴办“三资”企业。1986 年 8 月，邓小平视察天津，为开发区题词“开发区大有希望”，对开发区建设和天津对外开放工作予以充分肯定。1991 年，天津滨海高新技术产业开发区和天津港保税区先后经国务院批准设立，标志着天津对外开放的步伐进一步加快。天津滨海高新技术产业开发区是全市高新技术产业发展的重要承载区、聚集区，天津港保税区是我国北方第一个符合现代国际经济发展要求的保税区。作为天津经济战略布局调整的重大举措，1993 年，天津市提出用 10 年左右时间基本建成滨海新区，建设以天津港、开发区、保税区为骨架，以新兴产业、外向型工业为主导，以自由港区为发展方向，面向 21 世纪的高度开放的现代化经济新区。市委、

天津市滨海新区的“垦荒犁”纪念碑（邓小平题词“开发区大有希望”）

市政府坚持体制创新，扩大对外开放，推动滨海新区成为现代化工业基地。到2002年，滨海新区生产总值和外贸出口总值占全市比重分别达到40%和62%。天津滨海新区成为天津对外开放前沿和最大的经济增长点，在促进区域经济发展方面发挥着越来越重要的作用，以开放引领全市社会主义现代化建设的成效更加凸显。

抓紧抓实滨海新区开发开放上升为国家战略重大机遇，加快天津社会主义现代化建设步伐。2005年10月，党的十六届五中全会通过《中共中央关于制定国民经济和社会发展第十一个五年规划的建议》，明确提出“推进天津滨海新区等条件较好地区的开发开放，带动区域经济发展”。2006年3月，十届全国人大四次会议通过的《中华人民共和国国民经济和社会发展第十一个五年规划纲要》，正式确定推进天津滨海新区开发开放，标志着天津滨海新区开发开放由地区发展战略上升为国家发展战略。此后，国务院提出支持滨海新区开发开放的配套政策，要求天津滨海新区切实发挥综合配套改革试验区的示范和带动作用，加快滨海新区开发开放，打造天津发展高地。根据党中央、国务院的部署要求，天津市委、市政府提出关于加快推进滨海新区开发开放的相关意见，实施综合配套改革，扩大招商引资，建设一批标志性项目。2012年，滨海新区实现生产总值7200亿元，财政收入1655.8亿元，全社会固定资产投资4453.3亿元，实际利用外资98亿美元，实际利用内资604亿元，外贸进出口总额818亿美元，各项经济指标均实现快速发展，航空航天、新能源新材料、生物医药等战略性新兴产业加速成长，滨海新区对全市现代化建设的龙头带动作用进一步增强。

不断提升城市载体功能，推进城市建设现代化。城市建设的现代化是城市现代化发展的基础条件和重要标志，改革开放和社会主义现代化建设新时期，天津不断加强城市载体功能建设，积极推进城市建设的现代化水平。在改革开放初期，天津市委、市政府适时开展大规模的城市基础设施建设。1981—1982年，实施引滦入津工程，为天津城市和工业用水提供了一个稳定可靠的水源和完整的输水系统，大大缓解了天津用水的紧张局面。1985—1987年，建设“三环十四射”道路交通网络，改变了市内外交通不畅的状况，形成了市区的骨干路网。1987—1990年，以天津站为核心的天津铁路枢纽改造工程、京津塘高速公路的修建及天津机场的改扩建，使天津形成陆海空立体交通网。市委、市政府还大力加快邮电设施、通信设施、供电设施、城市服务设施的建设。大规模城市基础设施建设，使天津城市现代化建设水平发生显著变化。此后，市委、市政府继续加大城市基础设施建设力度，城市建设速度不断加快。一批高速公路、轨道交通、城市道路建设项目全面兴建。2008年，我国第一条城际高速铁路京津城际铁路建成通车，同年，天津滨海国际机场航站楼工程（T1）建成投入使用。至2012年，天津站、天津西站综合交通枢纽投入使用、南水北调天津境内干线工程主体完工、中新天津生态城加快建设，天津城市现代化、国际化水平进一步提升。

全面发展社会事业，不断提高人民生活水平。不断改善人民群众居住条件。1981—1983 年，天津市完成住宅建设 1100 多万平方米，以满足人民群众住房需求。1985—1986 年，天津市把民用煤气化工程列为当时的全市一号工程抓紧推进，从 1988 年起实施居民住宅热化工程，不断提高人民生活品质。为进一步改善全市人民居住条件，1995—1999 年，天津集中实施成片危陋平房改造，至 2001 年底，天津累计拆除危陋房屋 1013 万平方米，使 140 万市民住房条件得到改善。2012 年，天津城市居民人均住房面积达到 34.61 平方米，居全国前列。加快建立健全与社会主义市场经济相适应、覆盖城乡的社会保障体系。1993 年 1 月 1 日起，天津市企业职工开始实行全员实际缴纳养老保险。1998 年，天津市组建劳动和社会保障局，加强全市社会保障建设。至 2012 年，天津市在全国率先建立城乡一体化的居民基本养老保险、医疗保险制度和意外伤害附加保险制度，实现从城镇到农村、从职工到居民的全覆盖。教育、文化、卫生、体育事业实现快速发展。城乡基础教育在全国实现较高水平均衡发展，高等教育质量进一步加强，职业教育优势特色突出，成为国家职业教育改革创新示范区。建成市文化中心等一批重要文化设施，市级博物馆、纪念馆、科技馆、公共图书馆、规划展览馆免费开放，文化体制改革居全国先进地区行列。2012 年，天津城市居民人均可支配收入 29626 元，农村居民人均可支配收入 13571 元，分别是 1978 年的 76.4 倍和 88.7 倍，城乡人民生活水平总体实现全面小康，城乡居民收入差距是全国最小的地区之一。

经过改革开放和社会主义现代化建设新时期的接续奋斗，天津社会主义现代化建设实现快速发展，全市人民实现了人民生活从温饱不足到总体小康再到全面小康的历史性跨越，取得了历史性成就，为新时代天津社会主义现代化大都市建设提供了充满新的活力的体制保证和快速发展的物质条件。

三、谱写中国式现代化天津新篇章

党的十八大以来，中国特色社会主义进入新时代。以习近平同志为核心的党中央不断实现理论和实践创新突破，创立了习近平新时代中国特色社会主义思想，实现了马克思主义中国化时代化新的飞跃，为中国式现代化提供了根本遵循，初步构建中国式现代化的理论体系，推进一系列变革性实践、实现一系列突破性进展、取得一系列标志性成果，成功推进和拓展了中国式现代化，开启了以中国式现代化全面推进中华民族伟大复兴的新征程。在以习近平同志为核心的党中央坚强领导下，天津市委、市政府坚持以习近平新时代中国特色社会主义思想为指导，深入贯彻落实习近平总书记对新时代新征程天津工作提出的总体要求、重要要求、部署要求和一系列重要指示批示精神，团结带领全市人民全面建设社会主义现代化大都市，奋力谱写中国式现代化天津篇章。

（一）习近平总书记为天津推进中国式现代化指明方向

在全面推进中国式现代化的新征程上，党和国家赋予天津新的使命任务。天津承担着推进京津冀协同发展、服务“一带一路”建设等重大国家战略任务，肩负着建设全国先进制造研发基地、北方国际航运核心区、金融创新运营示范区、改革开放先行区的重大责任。习近平总书记对天津工作十分关心。党的十八大以来，习近平总书记先后五次视察天津和出席活动，向第三届世界智能大会、首届世界职业技术教育发展大会等重要活动发来贺信，对天津工作发表系列重要讲话、给予有力指导。2013 年 5 月，习近平总书记亲临天津视察，对天津工作提出“着力提高发展质量和效益、着力保障和改善民生、着力加强和改善党的领导”的“三个着力”重要要求，对天津发展给予重托、赋予重责、寄予厚望，为天津发展和各项工作提供了根本遵循和行动纲领。2017 年 8 月，习近平总书记在天津出席中华人民共和国第十三届运动会开幕式并宣布运动会开幕。2017 年 9 月，习近平总书记给南开大学 8 名新入伍大学生回信，肯定他们携笔从戎、报效国家的行为，勉励他们把热血挥洒在实现强军梦的伟大实践中，书写绚烂、无悔的青春篇章。2018 年 6 月，习近平总书记与俄罗斯总统普京在天津共同观看中俄青少年冰球友谊赛。2019 年 1 月，习近平总书记在京津冀考察，主持召开京津冀协同发展座谈会并发表重要讲话，对新时代京津冀协同发展作出战略部署，在天津先后考察调研南开大学、和平区新兴街朝阳里社区、梁启超旧居、天津港、天津滨海－中关村科技园，对天津工作作出重要指示，在创新发展、发展实体经济、加强生态环境建设、高校建设发展、加强社区治理、深化志愿服务、城市规划建设管理等方面提出重要要求。2019 年 5 月，习近平总书记向在天津举办的第三届世界智能大会发来贺信，强调推动新一代人工智能健康发展，更好造福世界各国人民，为推动人工智能同经济社会发展深度融合指明了方向。2022 年 8 月，习近平总书记向在天津举办的首届世界职业技术教育发展大会发来贺信，深刻阐述了职业教育对促进经济发展和民生改善的重要作用，为深化职业教育国际交流与合作增添了信心和动力。2023 年 5 月，习近平总书记主持召开深入推进京津冀协同发展座谈会并发表重要讲话，指出要以更加奋发有为的精神状态推进各项工作，推动京津冀协同发展不断迈上新台阶，努力使京津冀成为中国式现代化建设的先行区、示范区。强调要唱好京津“双城记”，拓展合作广度和深度，共同打造区域发展高地，在建设京津冀世界级城市群中发挥辐射带动和高端引领作用。要把北京科技创新优势和天津先进制造研发优势结合起来，加强关键核心技术联合攻关，共建京津冀国家技术创新中心，提升科技创新增长引擎能力。2024 年 2 月，习近平总书记在天津深入农村、历史文化街区、革命纪念馆考察调研，看望慰问基层干部群众。先后考察了西青区辛口镇第六埠村、天津古文化街、平津战役纪念馆，

2022 年 6 月 16 日，中国共产党天津市第十二次代表大会在天津礼堂隆重开幕

视察慰问驻天津部队，听取天津市委和市政府工作汇报，对天津各项工作取得的成绩给予肯定。深刻阐述了事关天津长远发展的全局性、根本性、战略性问题，提出了新时代新征程对天津工作的总体要求，明确了“四个善作善成”重要要求和巩固拓展主题教育成果、加强党的建设的部署要求，擘画了全面建设社会主义现代化大都市、奋力谱写中国式现代化天津篇章的宏伟蓝图，为天津工作指明了前进方向、提供了行动遵循。

天津市委带领全市各级党组织和全体共产党员以高度的历史自觉、政治自觉、使命担当，深刻领悟“两个确立”的决定性意义，坚决做到“两个维护”，始终在政治立场、政治方向、政治原则、政治道路上同以习近平同志为核心的党中央保持高度一致，以强烈的政治担当、有力的行动举措、务实的工作作风，持续深入推进习近平总书记重要指示批示精神和党中央重大决策部署在津沽大地落地落实、取得成效，带领全市干部群众改革创新、拼搏奋进，迈上全面建设社会主义现代化大都市新征程。

（二）奋力开创全面建设社会主义现代化大都市新局面

深入贯彻落实习近平总书记对新时代新征程天津工作的总体要求、重要要求、部署要求和一系列重要指示批示精神，坚定不移在中国式现代化道路上全面建设社会主义现代化大都市是天津人民的美好期盼，是全市各级党组织和全体党员的历史使命和时代担当。在从全面建成高质量小康社会向加快全面建设社会主义现代化大都市迈进的关键时期，2017 年 5 月，天津市第十一次党代会提出建设创新发展、开放包容、生态宜居、民主法治、文明幸福的“五个现代化天津”奋斗目标。2022 年 6 月，天津市第十二次党代会以高质量发展、高水平改革开放、高效能治理、高品质生活为目标导向，绘就了奋力开创全面建设社会主义现代化大都市新局面的宏伟蓝图。从“五个现代化天津”的奋斗目标到“四高”的全面建设社会主义现代化大都市目标导向，既相接续相衔接，又与时俱进、提升深化。市委、市政府立足新发展阶段，贯彻新发展理念，积极构建新发展格局，统筹发展和安全，扎实推进“五个现代化天津”建设，努力实践“四高”目标导向，奋力开创全面建设社会主义现代化大都市新局面。

坚持高质量发展，为全面建设社会主义现代化大都市打下坚实物质基础。积极融入京津冀协同发展重大国家战略，承接北京非首都功能疏解取得新突破，中海油、中石化、字节跳动、360 科技、北京协和医学院等一批企业和高校、创新资源在津布局，滨海－中关村科技园、宝坻京津中关村科技城建设进展顺利，累计注册企业 5080 家。服务支持雄安新区建设成效明显，持续深化津雄交通互联、产业互促、生态共治、公共服务共建共享，天津港雄安服务中心成为雄安新区快速通关、便捷出海绿色通道。“轨道上的京津冀”加快打造，京津雄核心区半小时通达，京津冀主要城市 1~1.5 小时交通圈基本形成。深化供给侧结构性改革，实施制造业立市战略、创新驱动发展战略，以智能科技为引领，以生物医药、新能源、新材料为重点，以装备制造、汽车、石油化工、航空航天为支撑的“1+3+4”现代工业产业体系加快构建。产业链攻坚战成效显著，12条重点产业链带动作用持续显现，自主可控的信创产业链初步形成。自主创新能力显著增强，全社会研发投入强度达到3.66%、位居全国第三，新一代超算、飞腾CPU、银河麒麟操作系统、天津大学大型地震工程模拟研究设施等“国之重器”加快建设，6家海河实验室投入运行，国家高新技术企业和科技型中小企业均突破1万家。坚持完整、准确、全面贯彻新发展理念，把高质量发展贯穿各项工作全过程，经济运行稳中有进，2022年全市地区生产总值16311.34亿元，人均地区生产总值119235元，一般公共预算收入1846.55亿元，呈现趋势向好、结构更优、动能转强、效益提升的高质量发展态势。坚持把“绿水青山就是金山银山”的理念贯穿于发展各领域、全过程，统筹推进山水林田湖海等系统治理，美丽天津建设迈出坚实步伐。深入实施“871”重大生态工程，875平方千米湿地保护、736平方千米绿色生态屏障建设、153千米海岸线生态综合治理成效明显，绿色生态屏障区内蓝绿空间占比超过65%。污染防治攻坚战成效显著，PM2.5年均浓度降至37微克/米^3，空气质量优良天数比率达到73.2%，12条入海河流水质全部消劣，空气和水环境质量均达到监测以来最好水平。天津市人大颁布《天津市碳达峰碳中和促进条例》，天津市政府制定实施碳达峰行动方案，有效破解“钢铁围城”“园区围城”，城市绿色发展成果共享度不断提升，为高质量发展筑牢绿色生态屏障。

推进高水平改革开放，为全面建设社会主义现代化大都市创造开放包容环境。把全面深化改革开放作为推进中国式现代化根本动力，深化行政审批“一制三化”改革，激发市场主体活力，“放管服”改革加力提速，“证照分离”改革全面落地。制定实施优化营商环境的“天津八条”和“民营经济19条”，全力打造一流营商环境，吸引集聚优质资源。推动国企改革取得明显成效，17家市管国企实现集团层面混改，国企改革三年行动连续3次在国家评估中获评A

级。积极融入“一带一路”建设，开放型经济优势更加彰显，2017 年以来外贸出口总额达到 3800 亿元，实际使用外资 253 亿美元，269 家世界 500 强企业在津投资。加快推进中国（天津）自由贸易试验区建设，38 项试点经验和实践案例在全国复制推广，飞机租赁稳居全球第二，天津口岸平行进口汽车占全国 70%。金融创新运营示范区建设步伐加快，金融服务实体经济能力持续提升，金融业增加值占比达到 13.5% 左右。天津茱莉亚学院落成启用，“鲁班工坊”达到 21 家，国际友好城市增至 97 对，成功举办世界智能大会、夏季达沃斯论坛等大型国际会议。着力打造世界一流的智慧港口、绿色港口，建设国际消费中心城市和区域商贸中心城市，加快构建“津城”“滨城”双城发展格局，更好地服务国内大循环和国内国际双循环。

实施高效能治理，为全面建设社会主义现代化大都市提供坚强治理保障。充分发挥党总揽全局、协调各方的领导核心作用，发展更加广泛、更加充分、更加健全的全过程人民民主。坚持和完善中国共产党领导的多党合作和政治协商制度、进一步推动协商民主广泛多层制度化发展，凝聚发展正能量，唱好天津“大合唱”。坚持党领导立法、保证执法、支持司法、带头守法，把天津各项事业纳入法治化轨道，平安天津、法治天津建设迈向更高水平，国家安全体系和能力现代化建设成效明显，公共安全保障体系更加健全，安全生产工作全面加强，发挥天津之“特”、天津之卫的作用，承担“卫”的责任、守住“卫”的防线，筑牢拱卫首都安全“护城河”。广泛开展基层民主实践，实现政府管理与基层自治有效衔接、良性互动。全面加强各领域党组织建设，大力推进各行业党建工作，党的基层组织体系更加健全。2018 年在全国率先实现村和社区百分之百“一肩挑”，2021 年通过换届实现更高质量的百分之百“一肩挑”。扎实推进“战区制、主官上、权下放”党建引领基层治理创新，完善社会矛盾排查化解、突发事件应急处置机制，在全国率先成立三级社会矛盾纠纷调处化解中心，落实街镇基层社会治理责任，提升网格化、智能化、专业化水平，走出一条符合大都市特点和规律的社会治理新路子。

创造高品质生活，使社会主义现代化大都市建设不断满足人民对美好生活新期盼。坚持以人民为中心的发展思想，始终把人民利益放在第一位，紧紧抓住百姓最关心最直接最现实的利益问题，用心用情用力持续保障和改善民生，更好满足人民群众高品质生活新期待。每年把财政支出的75%左右用于民生领域，连年精心组织实施20项民心工程，围绕“衣食住行、业教保医”全力做好普惠性、基础性、兜底性民生工作。实施稳就业扶持政策，就业质量稳步提高。完成市区棚户区改造三年攻坚行动，群众居住条件日益改善，为44万户居民解决历史遗留的房产证难题，每年提前和延长供暖期，群众身暖心更暖。着力解决“一老一小”问题，新增养老机构床位2万张，老年日间照料服务中心（站）达到1357个、“老人家食堂”达到1701家。新增学前教育学位13.4万个、义务教育学位14.7万个，不断推动幼有所育、学有所教、病有所医、老有所养取得新进展。推动“向群众汇报”、入列轮值、联点访户、党员志愿服务等制度化长效化，持续深化“我为群众办实事”实践活动，形成了“和平夜话”“五常五送”等典型经验做法，得到人民群众的认可和拥护。

（三）奋力谱写中国式现代化天津篇章

党的二十大庄严宣告：“从现在起，中国共产党的中心任务就是团结带领全国各族人民全面建成社会主义现代化强国、实现第二个百年奋斗目标，以中国式现代化全面推进中华民族伟大复兴。”习近平总书记站在新时代新征程党和国家事业发展全局的战略高度，对中国式现代化的一系列重大理论和实践问题，作出全面、系统、深入的阐述，为新时代新征程推进中国式现代化提供了行动指南。

天津市委、市政府坚定不移沿着习近平总书记指引的方向，深入学习贯彻习近平新时代中国特色社会主义思想和党的二十大精神，绘制新时代新征程中国式现代化天津篇章的“施工图”“实景图”。2022年底，立足中国式现代化新场景，积极探索天津全面建设社会主义现代化大都市的实践路径，天津市委提出推动天津发展的“十项行动”：围绕全面建设高质量发展、高水平改革开放、高效能治理、高品质生活的社会主义现代化大都市的目标导向，聚焦事关天津长远发展的重点领域，组织实施京津冀协同发展纵深推进、制造业高质量发展、科教兴市人才强市、港产城融合发展、滨海新区高质量发展示范引领、实施中心城区更新提升、乡村振兴全面推进、绿色低碳发展、高品质生活创造、党建引领基层治理。“十项行动”将党中央关于中国式现代化战略部署具体化为天津战术战法的行动安排，进一步明确了当前和今后天津市现代化建设的“纲”与“目”，以各项行动方案的扎实实施，推动学习贯彻党的二十大精神成果转化为天津高质量发展实效。

“十项行动”推动天津各项优势转化为高质量发展胜势，在新时代现代化建设的“大场景”下，积极发挥京津冀协同发展战略优势、产业基础优势、科技教育人才核心优势、港口“硬核”优势、城乡空间资源优势，充分运用政策牵引、改革创新、科技赋能等多重手段，巩固优势、盘活资源，扬长补短、提质增效，创造性地开展全面建设社会主义现代化大都市的生动实践。

“十项行动”激励引领全市各区、各部门各就各位、各展其能，为滨海新区、中心城区、涉农区实现高质量发展明确了行动路径，为统筹推进改革发展、民生保障、社会治理各项重点任务提供了目标指引，进一步增强了谋发展、抓发展、促发展的方位感、角色感，必将激励全市上下提振精神、团结奋进，书写全面建设社会主义现代化国家的天津篇章。

实施“十项行动”，进一步坚定了天津高质量发展的方向路径，进一步提振了全市发展信心，必将进一步推动全市经济实力持续增强、创新活力持续增强、综合竞争力持续增强、治理效能持续增强、群众获得感幸福感安全感持续增强，促进建设高质量发展的社会主义现代化大都市迈出新步伐，建设高水平改革开放的社会主义现代化大都市取得新成果，建设高效能治理的社会主义现代化大都市跃上新台阶，建设高品质生活的社会主义现代化大都市实现新提升。

2024 年 2 月 27 日至 28 日，中共天津市委十二届五次全会召开，全会坚持以习近平新时代中国特色社会主义思想为指导，深入学习贯彻习近平总书记视察天津重要讲话精神，审议通过了《中共天津市委关于深入学习贯彻习近平总书记视察天津重要讲话精神奋力谱写中国式现代化天津篇章的决定》。全会要求，全市各级党组织和广大党员干部深刻领悟“两个确立”的决定性意义，坚决做到“两个维护”，把深入学习宣传贯彻习近平总书记视察天津重要讲话精神作为当前和今后一个时期的首要政治任务，同学习贯彻习近平总书记对天津工作的一系列重要指示要求结合起来，深刻领会把握新征程上天津工作的总体要求、“四个善作善成”的重要要求和巩固拓展主题教育成果、加强党的建设的部署要求，学在深处、谋在新处、干在实处，把习近平总书记的殷殷嘱托全面落实到津沽大地上。

在天津市委领导下，全市上下紧密地团结在以习近平同志为核心的党中央周围，深入学习贯彻习近平总书记视察天津重要讲话精神，全面贯彻党的二十大和二十届二中全会精神，聚焦经济建设这一中心工作和高质量发展这一首要任务，以推进京津冀协同发展为战略牵引，以更大决心和力度推进改革开放，在使京津冀成为中国式现代化建设先行区、示范区中勇担使命、开拓进取，全面建设社会主义现代化大都市，奋力谱写中国式现代化天津篇章。

第二章

激浊扬清：开拓奋进的砥柱中流

党的二十大报告指出："全面建设社会主义现代化国家、全面推进中华民族伟大复兴，关键在党。"办好中国的事情，关键在党。中国共产党是中国特色社会主义事业的领导核心，处于总揽全局、协调各方的地位。坚持和加强党的全面领导，是坚持和发展中国特色社会主义的必由之路，是中国式现代化的本质要求。"着力加强和改善党的领导"是习近平总书记对天津工作提出的"三个着力"重要要求之一，体现了我们党对自身建设规律和强党强国规律的深刻把握，体现了习近平总书记对天津各项事业顺利发展的深邃思考和战略谋划。党的十八大以来，特别是 2016 年中央巡视"回头看"反馈意见整改以来，天津市委高擎习近平新时代中国特色社会主义思想伟大旗帜，以"三个着力"为元为纲，坚决贯彻落实"着力加强和改善党的领导"重要要求，毫不动摇地坚持和加强党的全面领导，不懈推进新时代党的建设新的伟大工程，为天津各项事业发展和人民幸福提供根本保证。

一、胸怀“国之大者”，坚定拥护“两个确立”、坚决做到“两个维护”

一个国家、一个政党，领导核心至关重要。党的十九届六中全会提出“两个确立”，体现全党共同意志、人民共同心声，对于推动全党进一步统一思想、统一意志、统一行动，不断把民族复兴伟业推向前进具有决定性意义。坚定拥护“两个确立”、坚决做到“两个维护”，是我们战胜前进道路上各种风险挑战的根本保障，是“国之大者”之首要，任何时候不能有丝毫含糊和动摇。天津市委始终以当好首都政治“护城河”为政治之责、为政之要，切实增强政治判断力、政治领悟力、政治执行力，坚决做到在思想上政治上行动上同以习近平同志为核心的党中央保持高度一致，以实际行动坚定拥护“两个确立”、坚决做到“两个维护”。

（一）旗帜鲜明讲政治，坚决维护党的核心和党中央权威

“两个确立”是党的十八大以来最重要的政治成果，是走好新的赶考之路、夺取新的更大胜利的根本保证。2017 年 12 月，习近平总书记在中央政治局民主生活会上强调：“维护党中央权威和集中统一领导，是我国革命、建设、改革的重要经验，是一个成熟的马克思主义执政党的重大建党原则。”天津市委把坚定

拥护"两个确立"、坚决做到"两个维护"作为加强党的领导的最高原则和党的政治建设的首要任务，坚决推动"两个维护"各项制度规定落地落实。

市委领导班子率先垂范。天津市委把贯彻落实习近平总书记重要讲话和重要指示批示精神作为第一议题，印发《关于认真组织学习习近平总书记一系列重要讲话精神的通知》，坚决做到在第一时间传达学习习近平总书记的重要讲话和重要指示批示精神，认真研究落实措施。2018 年 5 月 14 日，天津召集市、区、乡镇（街道）三级党政机关负责同志 1800 余人，在天津礼堂重温习近平总书记对天津工作提出的"三个着力"重要要求，市委明确指出"三个着力"重要要求是引领天津工作的"元"和"纲"，为天津坚定不移走高质量发展之路廓清方向、校准航标。

2018 年 5 月 14 日，天津市深入贯彻落实习近平总书记"三个着力"重要要求推进大会

讲政治贵在知行合一。天津出台《关于进一步做好习近平总书记重要指示批示贯彻落实工作的若干规定》，对习近平总书记重要指示批示精神和党中央决策部署的贯彻落实情况进行监督，坚决纠治搞形式、走过场、装样子等问题。

市纪委监委制定《关于对落实习近平总书记重要指示批示和党中央重大决策部署情况开展政治监督的工作安排》，明确7方面23项政治监督任务，确保政治监督具体化常态化；把“三个着力”重要要求的贯彻落实情况，作为监督重点内容，压实各级党组织和领导干部责任，督促各级党组织履职尽责，确保政令畅通、一贯到底。

（二）推动“四个全民”，让党的创新理论“飞入寻常百姓家”

理论只有为人民群众所掌握，才能变成改造世界的强大物质力量。习近平新时代中国特色社会主义思想是指引天津发展的总遵循总纲领。党的十八大以来，天津经济社会发展取得重大成就，根本在于有以习近平同志为核心的党中央的坚强领导，在于有习近平新时代中国特色社会主义思想的科学指引。天津始终把学习宣传贯彻习近平新时代中国特色社会主义思想作为首要政治任务，推动全民学习、全民武装、全民信仰、全民实践，以科学理论指引实现高质量发展。

天津市委把学习贯彻习近平新时代中国特色社会主义思想作为首课主课必修课，制定了《关于市委常委会带头把学习贯彻习近平新时代中国特色社会主义思想不断引向深入的意见》，深入实施《推动学习贯彻习近平新时代中国特色社会主义思想在津沽大地形成持续热潮的工作方案》，在全市营造浓厚的学习氛围。

广大党员、干部带头学习党的创新理论。天津组织实施习近平新时代中国特色社会主义思想教育培训计划，开办干部学习大讲堂，各级领导班子和领导干部以上率下，做到“干部教、教干部”，对全市3万余名处级以上党员领导干部开展大规模集中轮训，深入开展“万名宣讲员普时政”“万名支部书记讲党课”，推动大学习大教育大培训大普及，推动全体党员、干部深入学习贯彻习近平新时代中国特色社会主义思想，不断提高党员、干部的马克思主义理论水平。

广大社区结合实际情况积极开展习近平新时代中国特色社会主义思想宣讲教育活动，深入推动理论学习向背街小巷延伸、向“细枝末节”聚焦，让理论走进群众心里。截至2020年底，260多支宣讲队伍2900多名宣讲员，共开展宣讲活动9100多场。一大批“百姓名嘴”，通过用老百姓乐于接受的方式、易于理解的语言、更有感染力的表述，把大道理讲成“小故事”，把陈情与说理结合起来，让理论宣传既有意义又有意思，充分激发群众的学习热情，使党的创新理论真正走心入脑。

广大高等院校加快推动习近平新时代中国特色社会主义思想进教材、进课堂、进学生头脑，用党的创新理论铸魂育人，培养拥护中国共产党领导和社会主义制度、立志投身中国特色社会主义事业的有用之才。如南开大学成立天津市高校习近平新时代中国特色社会主义思想研究联盟，推动习近平新时代中国特色社会主义思想的研究阐释宣传入耳入脑入心；天津大学将思政课与社会实践深度融合，将大学生自身的成长成才融入国家发展的洪流；天津师范大学成立习近平新时代中国特色社会主义思想教研室，推动开展教学科研工作等。

党的二十大对“坚持不懈用新时代中国特色社会主义思想凝心铸魂”作出重要部署，要求“以县处级以上领导干部为重点在全党深入开展主题教育”。开展主题教育，是强化党的创新理论武装的重要部署和实践。天津市委印发《关于在全市深入开展学习贯彻习近平新时代中国特色社会主义思想主题教育的实施方案》，高起点谋划、高标准推进主题教育扎实开展。天津市委常委会会议暨天津市委学习贯彻习近平新时代中国特色社会主义思想主题教育领导小组会议把坚定拥护“两个确立”、坚决做到“两个维护”作为主题教育的首要政治任务，把深化学习、深入运用党的创新理论作为主题教育的基础和落脚点，对开展主题教育作出具体部署。全市大兴调查研究，坚持把建立问题清单逐项整改作为贯通主题教育各项工作的总抓手，使调查研究的过程真正成为运用所学理论研究解决实践问题的过程，在查摆问题中深化学习。全市各级党组织在学习过程中思想上重视，推动上有力，氛围上浓厚，广大党员、干部坚持学思用贯通、知信行合一，用高质量发展实践检验主题教育成果，为助力天津经济社会高质量发展贡献力量。

（三）深化对党忠诚教育，铸就对党绝对忠诚的首德大德

天下至德，莫大于忠。习近平总书记指出，带头做到“两个维护”，从根本上讲就是要做到对党忠诚。对党忠诚是党员领导干部的立身之本、立身之魂，是首要政治原则、政治本色、政治品质。全党特别是领导干部要坚决做到在政治立场、政治方向、政治原则、政治道路上同党中央保持高度一致。

天津市委以高度政治自觉，大力加强对党忠诚教育，深入开展“两学一做”学习教育、“不忘初心、牢记使命”主题教育、党史学习教育、学习贯彻习近平新时代中国特色社会主义思想主题教育等重大主题教育，教育引导广大党员干部把对党绝对忠诚作为最基本的政治素养、最根本的政治要求、最重要的政治品格，把忠诚于党的信仰、忠诚于党的事业、忠诚于党中央与忠诚于党的领导核心高度统一起来，深刻领悟“两个确立”的决定性意义，坚决做到“两个维护”，坚定不移信赖核心、忠诚核心、维护核心、跟随核心，在思想上政治上行动上始终同以习近平同志为核心的党中央保持高度一致，严守政治纪律和政治规矩，牢记“五个必须”，杜绝“七个有之”，自觉做政治上的明白人、老实人。

把对党忠诚教育深入支部、深入基层。从 2017 年 4 月开始，天津组织开展“维护核心、铸就忠诚、担当作为、抓实支部”主题教育实践活动，以此为重要载体和有效抓手，推进“两学一做”学习教育常态化制度化，锤炼对党绝对忠诚的政治品格。这次主题教育实践活动着力突出“维护核心”这个灵魂，激发“铸就忠诚”的高度自觉，营造“担当作为”的浓厚氛围，形成“抓实支部”的

强大合力。2018 年全市各级党组织和广大党员干部持续深化“维护核心、铸就忠诚、担当作为、抓实支部”主题教育实践活动，党员干部学习习近平新时代中国特色社会主义思想的政治自觉达到了新高度，“四个意识”进一步增强，践行“两个维护”更加坚定坚决，一批基层党建突出问题得到有效解决，党员干部担当作为、干事创业良好氛围逐步形成并日益浓厚。

紧紧围绕迎接党的二十大胜利召开这条主线，天津市委精心组织“迎盛会、铸忠诚、强担当、创业绩”主题学习宣传教育实践活动工作。印发《关于开展“迎盛会、铸忠诚、强担当、创业绩”主题学习宣传教育实践活动工作的方案》，明确了 10 项重点任务，推动全市各条战线、各个领域、各项工作都突出党的二十大、聚焦二十大、聚力二十大，深入开展对党的忠诚教育，引导各级党组织和广大党员干部坚定拥护“两个确立”、坚决做到“两个维护”，埋头苦干、勇毅前行，创造无愧于新时代和天津人民的业绩。

（四）锤炼过硬政治能力，坚决推动党中央决策部署落地落实

2020 年 12 月，习近平总书记在十九届中央政治局民主生活会上指出：“我们党要始终做到不忘初心、牢记使命，把党和人民事业长长久久推进下去，必须增强政治意识，善于从政治上看问题，善于把握政治大局，不断提高政治判断力、政治领悟力、政治执行力。”党员干部只有不断增强政治判断力、政治领悟力、政治执行力，才可以在任何时候、任何情况下做到政治信仰不变、政治立场不移、政治方向不偏。

天津市委坚持把党的政治建设摆在首位，不断提高广大党员、干部政治能力。市委主要领导每年带头为全市党员干部讲专题党课，教育引导全市党员干部时刻牢记中国共产党是什么、要干什么这个根本问题，进行经常性的思想政

治体检，筑牢理想信念根基，切实提高政治判断力。市委要求各级党组织和广大党员、干部通过党委（党组）理论学习中心组学习、集中轮训、理论研修、专题研讨等形式，及时跟进学习领会、贯彻落实习近平总书记的重要讲话、重要指示批示精神，学深悟透党中央精神，做到对“国之大者”了然于胸，切实提高政治领悟力。市委要求各级领导干部强化责任意识，想问题、作决策、办事情，经常同党中央重大决策部署对标对表，同习近平总书记重要指示批示精神对标对表，知责于心、担责于身、履责于行，狠抓落实求实效，切实提高政治执行力，推动党中央各项方针政策和工作部署落实落细。

二、深度“改土治水”，推动政治生态向清向净向好

习近平总书记指出，政治生态是检验我们管党治党是否有力的重要标尺。天津市委认真贯彻习近平总书记重要指示批示精神，按照党中央和中央纪委国家监委部署要求，把政治生态建设作为基础性、经常性、长期性工作，坚持政治生活、政治生态、政治文化一同净化，以彻底的自我革命精神深度“改土治水”，实现政治生态山清水秀、风清气正。

（一）明确责任健全机制，推动全面从严治党向纵深发展

推进全面从严治党，首要工作是明确管党治党责任。习近平总书记指出，不明确责任，不落实责任，不追究责任，从严治党是做不到的。推动全面从严治党向纵深发展，营造良好政治生态，必须健全工作机制，夯实管党治党责任。

天津市委围绕贯彻落实《党委（党组）落实全面从严治党主体责任规定》，从明责、督责、述责、考责、追责等方面进一步健全相应的监督追责机制。市委常委以身作则、率先垂范，不折不扣把党中央关于压实管党治党责任的决策部署落到实处，充分发挥示范带头作用。各级党委（党组）自觉履行管党治党主体责任，党委（党组）书记切实担负起第一责任人责任，党委（党组）成员

切实履行分管领域从严治党责任，形成一级抓一级、层层压实责任的党建工作格局。各级纪检监察机关认真履行全面从严治党监督责任，突出政治监督，强化日常监督，推动“四项监督”贯通衔接，压紧压实管党治党政治责任。

天津市委制定实施《天津市落实全面从严治党主体责任考核办法》，每年年底成立专门考核组，对各区各单位各部门党委（党组）进行考核，对综合日常考核、现场考核、满意度调查三个方面的情况进行评分，将考核结果在全市通报并纳入绩效考核。全市各级党组织逐级开展党组织书记抓基层党建工作述职评议考核，有力解决了基层党建工作“水流不到头”、落实不到底的问题。全国优秀共产党员、党的二十大代表、河北区环卫一所扫道检查员徐文华在参加党组织书记抓党建述职会后感慨道：“这个述职会新风扑面！基层党建做得深不深、细不细、实不实，直接影响党在人民群众心中的形象。”

（二）敢于斗争敢于亮剑，使党内政治生活“熔炉”热起来

严肃认真的党内政治生活是广大党员、干部锤炼党性的“大熔炉”。2018年6月，习近平总书记在中央政治局第六次集体学习时强调：“要贯彻落实新形势下党内政治生活的若干准则，让党员、干部在党内政治生活中经常接受政治体检，增强政治免疫力。”天津市委坚决贯彻落实党中央关于严肃党内政治生活的部署要求，把严肃党内政治生活作为净化党内政治生态的重要举措，使“熔炉”真正热起来。

“圈子文化不绝，好人主义盛行，政治生态遭破坏”，是2016年10月中央巡视组巡视天津“回头看”的反馈意见。天津市委以整治圈子文化、好人主义为专题，要求各级党组织开展专题组织生活会和专题民主生活会。全市各级党组织认真作对照检查，领导干部特别是市级领导干部紧紧围绕整治圈子文化和好人主义进行自我剖析，广大党员、干部结合自己的思想工作实际进行了深入

的批评和自我批评，通过“红脸出汗”的组织生活端正思想、规范言行。

天津市纪委制定《市纪委关于加强对市管单位党委（党组）领导班子民主生活会监督的办法（试行）》，由督导列席变为监督，推动实现民主生活会监督全覆盖，全面提高了党内政治生活质量。对于部分单位民主生活会存在重形式、走过场、缺“辣味”等问题，市委要求立行立改、不搞下不为例。2017 年，天津市委责令 29 个市管单位党组织领导班子重开年度民主生活会、27 个市管单位党组织领导班子重开专题民主生活会；2018 年，又责令 14 个市管单位党组织领导班子重开民主生活会。在《中国纪检监察》记者采访中，天津有的单位班子成员感叹：“现在算是知道了民主生活会是这样开的，真的是心跳脸红背出汗。”也有的感慨：“民主生活会真成了自己接受教育的大餐，由上‘青椒’改为了上‘朝天椒’。”

（三）强化政治监督政治巡视，让铁规铁纪生威发力

强化政治监督政治巡视，是严明党的政治纪律政治规矩的重要制度安排。党的十八大以来，以习近平同志为核心的党中央高度重视巡视工作，把巡视纳入“四个全面”战略布局，作为全面从严治党的重要抓手，使之成为党之利剑、国之利器。天津市委把牢政治巡视政治监督定位，坚持监督利剑、执纪利剑、问责利剑一并高悬，真正让铁规铁纪生威发力。

围绕中央巡视组向天津反馈的码头文化、圈子文化、好人主义等问题，天津市委强化政治担当，迅速建立问题清单和整改台账，高标准高质量完成中央巡视反馈意见整改工作。市纪检监察机关深入推进国企、金融、土地、政法等重点领域开展码头文化、圈子文化、好人主义专项整治，不断巩固扩大整治成果。以土地管理领域的整改落实工作为例，通过制定专项整治工作方案，明确 3 项整治重点任务和 9 项方法举措，坚持深挖问题线索与加强监督、健全制度、

强化警示教育相结合，推进专项整治持续深入。

天津市委接力中央巡视，深化政治巡视，对全市各级党组织精准有效开展政治监督。紧盯核心职能、紧盯主要矛盾、紧盯“一把手”履职情况和责任落实、紧盯人民群众反映强烈的突出问题，制定《政治巡视监督问题透视手册》，将巡视“四个落实”细化为115项监督重点和316条突出问题表现。坚持巡视巡察上下联动，出台《关于加强巡视巡察上下联动监督工作的暂行办法》，让监督“利剑”直插基层，破解“熟人社会”监督难题，打通全面从严治党“最后一公里”。2017年以来，全市共巡察处级单位党组织1599个、村（社区）党组织5419个，发现问题13.5万个，移交问题线索1.2万件，有力推动全面从严治党向基层延伸。

（四）始终保持高压态势，坚定打赢反腐败正义之战

习近平总书记在党的十九大报告中强调：“人民群众最痛恨腐败现象，腐败是我们党面临的最大威胁。只有以反腐败永远在路上的坚韧和执着，深化标本兼治，保证干部清正、政府清廉、政治清明，才能跳出历史周期率，确保党和国家长治久安。”当前，党风廉政建设和反腐败斗争形势依然严峻复杂，腐败滋生的土壤依然存在，天津市委认真审视研判反腐败斗争形势，始终保持正风反腐高压态势，更加科学有效地防治腐败，坚定打赢反腐败正义之战。

天津集中开展国企、金融、政法、土地等重点领域腐败问题专项整治，严查违反党的纪律和职务违法、职务犯罪，严肃查处政治问题和经济问题交织的腐败案件，对各类政治团伙、利益集团毫不手软，及时发现解决“七个有之”问题。扎实开展政法队伍教育整顿，大力推进政治整肃、纪律整饬、作风整顿、能力整训，持续肃清孙力军、武长顺流毒，努力打造一支党和人民信得过、靠得住、能放心的政法铁军。把整治群众身边腐败和作风问题作为重中之重，持

续整治基层“微腐败”，切实维护群众切身利益。组织开展“以案为警为鉴、忠诚干净担当”廉政警示教育系列活动，创新警示教育方式，充分运用忏悔录制作警示教育片，使观看警示教育片成为“规定动作”，真正起到查处一人警示一片的效果。

天津市委认真总结反腐败斗争工作经验，全面加强反腐倡廉制度建设。研究制定《天津市以案为鉴、以案促改、以案促治工作办法》，用典型案例作为“活教材”，有针对性地修订、完善制度，不断提高反腐败工作科学化、制度化水平。制定《关于一体推进不敢腐不能腐不想腐的意见》，坚持惩治震慑、制度约束、提高觉悟一体发力，以系统施治、标本兼治理念管党治党。出台《关于推进清廉天津建设的意见》，部署清廉政治、清廉政府、清廉干部队伍、清廉市场、清廉社会、清廉法治、清廉文化 7 个方面建设，为打造干部清正、政府清廉、政治清明、社会清朗的清廉天津奠定制度基础，为实现政治生态海晏河清提供强大助力。

三、“一肩挑”全面覆盖，党的领导“一贯到底”

治国安邦，重在基层；管党治党，重在基础。村、社区党组织是党执政大厦的地基，是贯彻落实党中央决策部署的“最后一公里”。习近平总书记多次强调，要坚持大抓基层的鲜明导向，把基层党组织建设成为有效实现党的领导的坚强战斗堡垒。进入新时代以来，天津始终坚持以习近平新时代中国特色社会主义思想为指引，锚定“加强和改善党的领导”的目标要求，以推动村、社区“两委”高质量换届为契机，在全国率先实现村、社区党组织书记和村（居）委会主任百分之百“一肩挑”，并连续 5 年面向全国招录农村专职党务工作者，有效筑牢了党在基层的执政根基，真正实现了党的全面领导“一根钢钎插到底”。

（一）把牢定盘星，选好当家人

欲筑室者，先治其基。村、社区党组织是党在基层阵地上的坚强堡垒，是党的全部工作和战斗力的基础，而村、社区党组织书记则是地基中的“钢筋”和“柱石”，是基层群众的主心骨、贴心人。天津立足直辖市工作特点，把选优配强基层党组织书记作为巩固党的执政基础、全面加强基层党建的治本之策，在全国率先推行村、社区党组织书记通过法定程序兼任村（居）委会主任，构建形成了上下贯通、执行有力的严密组织体系，真正实现了让党的旗帜在每一个基层阵地上高高飘扬。

2018 年天津迎来了党的十九大胜利召开后的首轮换届。这次换届之前，天津全市 85% 左右的村、19.5% 的社区不是“一肩挑”，“两委”不合、互相掣肘现象屡见不鲜；近半数村委会主任、24% 的居委会主任甚至都不是中共党员，党的领导弱化虚化边缘化问题不同程度存在，长此以往党的路线方针政策将无法有效贯彻，党的领导也就不可避免地出现末梢堵塞。

针对村、社区党建存在的突出问题，市委一声令下，“全面推行‘一肩挑’”，一场关乎全市基层党组织建设的“硬仗”正式启动。各级党委严格执行换届启动标准和程序，坚持把配好班子选好头雁作为重中之重，把统一思想、凝聚共识作为工作先导，指导村、社区把“一肩挑”“九不能”“五不宜”等要求依照法定程序写进选举办法，努力营造风清气正的换届环境，超前做好后续衔接各项工作，以前所未有的力度打赢了村、社区组织换届选举攻坚战，在全国率先实现了村、社区党组织书记百分之百“一肩挑”，完成了难度最大、标准最高、要求最严的一次换届。

天津市北辰区双口镇安光村村级组织换届选举

2021 年，在建党 100 周年之际，天津又迎来了新一轮换届。市委主要负责同志全程指导、把关定向，带动各级党委书记提锅上灶、进村入户，形成推动换届工作的强大合力。换届过程中，各乡镇党委普遍组织党员干部进行了 3 轮以上入户走访，对 6377 名“一肩挑”人选和 42692 名“两委”换届人选进行了三级联审，有效实现了组织意图与群众意愿的高度统一。全市 3520 个村、1859 个社区党组织书记全部通过法定程序当选村（居）委会主任，再次高标准高质量实现百分之百“一肩挑”。换届后，全市 3520 名村党组织书记兼村委会主任，平均年龄 41.4 岁，比上届降低 7.6 岁；大专以上学历者占比 64%，比上届提高了 23.3 个百分点。1859 名社区党组织书记兼居委会主任，平均年龄 37.3 岁，比上届降低 3.9 岁；大专以上学历者占比 98.8%，比上届提高 12.4 个百分点。村、社区“两委”成员交叉任职比例大幅度提升，学历、年龄实现“一升一降”，成为天津过往用时最短、信访最少、质量最优的一次换届。

天津全力推进并率先完成“一肩挑”，正是新时代贯彻落实习近平新时代中国特色社会主义思想的生动实践，不仅有效强化了党对基层工作的全面领导，而且选出了一大批有干劲、会干事、作风正派、办事公道的优秀人才。35 岁的姜楠在此次换届中顺利当选和平区新兴街土山花园社区党组织书记兼居委会主任，就职后，她积极创建以“三进、三听、六服务、六事民情”为内容的“3366”党建特色品牌，不仅充分彰显了“一肩挑”的政治优势，更有效打通了联系服务群众的“最后一公里”。

（二）广发英雄帖，引育新生代

基层是党的执政之基、力量之源。提高基层党建活力，从事党建的人是关键。但是现在一个不容忽视的问题在于：近年来农村党员队伍、干部队伍的年龄结构日趋老化。在天津 2018 年村“两委”换届中发现，村干部的平均年龄已经达到了 47.3 岁，35 岁以下干部仅占总数的 16.7%，具有大专以上学历干部占比仅为 21.4%，初中及以下学历的村党组织书记占比却高达 26%，甚至当时一些村党支部连会用电脑的人都没有，更别说梳理最基本的党建材料了。由此可见，干部年龄偏大、知识结构老化已经成为影响农村基层党组织领导力、组织力、战斗力的重要因素。

为有效破解农村基层党建存在的突出问题，从 2018 年起天津每年面向全国招录 1000 余名农村专职党务工作者到村任职，并为他们构建了“村‘两委’－副书记－书记－乡镇事业编干部－乡镇领导班子成员”的培养链条和成长通道，用 5 年时间逐步实现了 3500 多个村庄全覆盖。随着新鲜血液的补充，2021 年天津村“两委”换届后，班子成员的平均年龄比上届降低 3.7 岁，其中村“一肩挑”人员平均年龄降低 7.6 岁，全日制本科以上学历者占比达到 31.3%，村“两委”班子的年龄结构、学历结构得到明显优化，农村基层党建质量得到显著提升，不仅有效拓展了乡村振兴的发展视野，而且从根本上解决了农村基层党组织弱化和干部源头培养难题。这些平均年龄不足 30 岁的乡村振兴生力军，不仅具有丰富的知识和开阔的视野，而且给农村发展带来了全新的思路和方法，稻蟹生态混养、网络直播带货、农文旅融合、云种菜云认养等乡村发展新模式开始得到运用和推广，历史建筑、红色资源、传统技艺等文化资源陆续得到挖掘，都市农业、乡村旅游等增收渠道占比逐年上升，一个个“金点子”引领村庄发展逐步走上了快车道。作为天津首批招录的农村专职党务工作者，李广丞初到毛毛匠村就开始挨家挨户走访调研，详细了解村民所思所想，积极帮助村民解决各类现实问题，并创新开展了“为民代办”等便民服务项目。由于熟悉村情、踏实肯干、群众认可，工作仅 3 年，李广丞就成长为宁河区俵口镇副镇长，并荣获了全国优秀党务工作者称号。

事上看、事上练，“金鞍配于骏马身”。在处理农村繁杂事务的过程中，农村专职党务工作者逐渐褪去了身上的稚嫩与青涩，磨炼出了解决实际问题的

“铁肩膀”“硬能力”。“90后”王晓航是天津市滨海新区太平镇友爱村的“一肩挑”，2018年入职以来她就和村民同吃同住同劳作，千方百计为村民解决各种问题。看到村里1800亩的冬枣地，因为销路少、名气小只能低价卖给来村里收购的商贩，王晓航决定走出去，自己跑订单，找销路。但是由于人生地不熟，又没有销售经验，王晓航这个“外行人”吃了不少“闭门羹”，她一边跑一边学，终于为村里的优质冬枣打开了市场，并和一位上海客商成功签下订单。2020年，友爱村的冬枣从每斤不到1块钱卖到了每斤将近7块钱，当年的冬枣销售额增加了300多万元。

天津市滨海新区太平镇友爱村“一肩挑”王晓航入户走访调研

现如今，持续招录和培养农村专职党务工作者，不仅成为天津乡村干部的重要来源，而且也为建设高素质公务员队伍提供了人才储备。2018—2022年，天津农村专职党务工作者队伍中已有1210人通过法定程序担任村“一肩挑”并成为事业编制人员，29 人通过定向招录成为公务员，128 人通过换届进入乡镇党政领导班子，11 人在市、区两级党政机关和事业单位担任副处级领导干部，26 人担任乡镇所属事业单位正科级领导职务，9 人荣获天津市优秀共产党员、优秀党务工作者称号，真正形成了“干好用好、奖优罚劣”的鲜明导向。

（三）打好组合拳，发展增后劲

上边千条线，下边一根针，带头人选出来了，只是万里长征走完了第一步，关键是如何跟进做好“后半篇文章”，真正把“一肩挑”的政治优势、组织优势转化为高质量发展的强大动能。天津坚持对症下药、精准施策，打出了一套组合拳，通过抓“点”带“面”，有效推动基层党组织建设整体提升、全面过硬。

在选优配强基层党组织带头人的同时，天津着眼于加强基层干部日常管理，进一步完善了村干部备案管理，积极健全任职资格联审联查机制，推动“九不能”“五不宜”抓在日常；通过规范“四议两公开”“六步决策法”程序，建立完善上级、同级、群众三级监督机制，有效织密了村干部履职行权的制度笼子。持续深入开展村级组织换届“回头看”，换届后市委组织部先后开展了两轮“回头看”，各涉农区对村“两委”班子成员又过了一遍筛子，有效确保了村干部队伍干净纯洁。

换好是基础，干好是关键。天津把实施星级管理作为推进村、社区党建工作和基层治理的有力抓手。从 2018 年下半年开始，市委组织部先后起草形成了《天津市村党组织和村民委员会干部管理办法（试行）》和《天津市社区评星定级工作办法》2 个制度性文件，并指导 16 个区分别制定完善了村、社区评星定级实施细则，根据党建工作、基础设施、环境卫生、乡风文明等情况，对村、社区各项工作进行综合考核，按照五星、四星、三星、无星四个等级评定星级，并实行动态管理。2021 年换届，分别有 1382 个村和 906 个社区“一肩挑”因考核成绩不佳或工作不力等原因被调整下来。

2022年，天津市委又制定下发了《天津市村社区星级管理办法》，将行之有效的经验做法用党内法规的形式固化下来，并把评星定级结果直接与村、社区干部报酬挂钩，进步升星，退步摘星，表彰先进，鞭策后进，充分发挥星级评定的“指挥棒”“推进器”作用。全市先后为195名符合条件的五星村、社区“一肩挑”解决事业编身份，181名高星或升星优秀“一肩挑”招录为公务员，有效激励了广大基层干部干事创业、担当作为。

与此同时，针对基层党组织书记能力素质存在的短板问题，按照“缺什么补什么、干什么学什么”的原则，精心筹建天津市党支部书记学院，着力加强对基层党组织书记的专业化培训。2020年6月以来，每年分领域举办农村、社区、机关、国企、事业单位和“两新”组织等领域基层党组织书记示范培训班，以专题讲座、实训演练、案例教学、书记论坛等形式进行讲授，将理论与实践相结合，形成“支书教支书，同行带同行”的生动局面。

2021年换届后，市委组织部又直接对全市3520个村、1859个社区的新一届村、社区“一肩挑”进行了全员轮训。截至2021年底，天津市党支部书记学院共举办各类培训92期，累计培训各领域党组织书记、党务骨干等12000余人，有效提升了基层党组织书记的政治素质和专业能力，进一步筑牢了党在基层执政的钢铁堡垒。

河西区越秀路街港云里社区因为规模小、密度高、配套低、权属杂，一直是社区治理的“老大难”。在社区“一肩挑”孙茜的带领下，港云里社区探索建立了“325”基层治理工作机制，在有效发挥社区党组织轴心作用、基层网格主力军作用、提升群众助力效能的基础上，依托“群众汇报会”和“协商议事会”两大居民自治平台，积极推进“民忧菜单”“民情地图”“民意闹钟”“民声板凳”“民心钥匙”五大基层治理项目落细落实，真正让群众的“操心事”“烦心事”变成了“顺心事”。

党的二十大报告鲜明提出："严密的组织体系是党的优势所在、力量所在。各级党组织要履行党章赋予的各项职责，把党的路线方针政策和党中央决策部署贯彻落实好，把各领域广大群众组织凝聚好。"天津将继续坚持以强基赋能为抓手，突出增强基层党组织政治功能和组织功能，抓党建促乡村振兴，推进以党建引领基层治理，使基层党组织建设全面进步、全面过硬，真正以党的组织优势、组织力量的充分彰显来检验主题教育成效。

四、“庸懒散”坚决不等，担当作为蔚然成风

习近平总书记强调，干事担事，是干部的职责所在，也是价值所在。能否勇于担当、敢于负责，是评价一个干部党性和作风的最直接依据。近年来，天津市委从纠正选人用人不正之风入手，以三个“坚决处理”、三个“坚决不等”的鲜明态度，对那些占着位子、顶着帽子、混着日子、摆着样子的“堂上木偶”掀起“问责风暴”，打出一套治理不作为不担当的“组合拳”，有效营造了干部“能上能下、能进能出、干事创业”的良好氛围。

（一）猛药去疴，疾风厉势治无为

不作为不担当是干部懒政怠政的表现，是党和国家事业发展的大敌。习近平总书记指出，领导干部作风不过关、不过硬，党风社会风气就不可能好。一段时间以来，随着全面从严治党向纵深推进，作风问题出现了新表现新动向，一些干部虽然不敢“乱伸手”了，但是精神懈怠、不思进取，心存顾虑、畏首畏尾，能力不足、办法不多，应付差事、得过且过等不作为不担当问题日渐突出。

2016 年 10 月，中央巡视“回头看”反馈意见整改以来，天津市委提出“庸

政懒政怠政、为官不为也是腐败”的理念，把整治不作为不担当问题作为重要任务，高擎问责利剑，掀起“问责风暴”，对不作为不担当问题出重拳、下猛药。2018 年 3 月，天津出台《关于深入开展不作为不担当问题专项治理三年行动方案（2018—2020 年）》，聚焦削弱党的建设、阻碍改革发展稳定、影响民计民生等突出问题，启动不作为不担当问题专项治理三年行动，将专项治理与反对和纠正形式主义、官僚主义结合起来，以重拳出击的态势坚决治理政策落实“中梗阻”、服务群众“耍官威”、对待工作庸懒散浮拖等顽瘴痼疾，建立起根治不作为不担当问题的长效机制，多措并举提振党员干部干事创业精气神。自 2017 年持续开展形式主义官僚主义和不作为不担当问题专项整治以来，全市共查处各类问题 5922 起，处分 4534 人，处理厅局级干部 155 人。

在连续 5 年专项治理形式主义官僚主义和不作为不担当问题的基础上，为了提高对“关键少数”的监督质效，天津市委还出台了《关于加强对“一把手”和领导班子监督的若干措施》，进一步压实了各级党组织和领导干部责任，摄制《疾风厉势治庸治懒治无为》《校准担当作为的标尺》《“偏航”的头雁》等多部警示教育片，汇编查处形式主义、官僚主义和不作为不担当案件警示录及“一把手”（市管干部）违纪违法案件警示录，集中曝光近年来查处的形式主义官僚主义和不作为不担当典型案例，点名道姓、见人见事，推动各级党员领导干部以案为镜为鉴、以案释纪释法，不搞“高空作业”，不当“甩手掌柜”，层层压实主体责任，不断完善监督体系，推动全面从严治党向纵深发展。同时在媒体设置曝光台，不留情面地点名道姓通报，真正达到“曝光一个，警醒一片”的震慑效果。

天津作为国内第二个开通地铁的城市，天津地铁曾给市民出行带来了极大便利，但是到 2018 年初，天津地铁的运营里程却跌到了全国第 10 名，为什么会有这样的巨大反差？天津地铁到底怎么了？ 2018 年 4 月，天津市委巡视组在对天津轨道交通集团有限公司的巡视中发现，“该党委政治站位不高，干事创业积极进取精神不足、积极主动作为意识不够，工作上推拖等靠，守摊守成，缺乏担当意识，存在‘地铁越多，责任越重，风险越大’的错误认识”。对于轨道交通发展缓慢暴露出的不作为不担当问题，天津市委态度鲜明、坚决问责，对时任轨道交通集团有限公司党委书记、董事长，党委副书记、总经理进行了严肃处理，并在全市范围内公开通报，进一步彰显了天津市委治庸治懒治无为的坚定决心。

（二）奖优罚劣，选人用人树新风

为政之要，惟在得人。党的二十大报告提出：“全面建设社会主义现代化国家，必须有一支政治过硬、适应新时代要求、具备领导现代化建设能力的干部队伍。”在选人用人上，天津市委始终坚持把政治标准、政治要求放在首位，把“想干事、能干事、干成事”作为选人用人的重要标准，坚持在重大斗争一线考察和识别干部，把选人用人的视角向关键岗位、基层一线倾斜，树立重实干重实绩的用人导向。

天津市委将开展形式主义、官僚主义和不作为不担当问题专项治理，与“讲担当促作为抓落实”活动结合起来，成立了政治思想引领、追责问责、机关作风建设、基层减负、激励保障等专项行动工作组，并制定了《关于围绕天津市“十四五”规划加强监督推动党员干部讲担当促作为抓落实的工作方案》，着重查处推诿扯皮、玩忽职守，表态多调门高、行动少落实差等不作为不担当问题。通过建立科学有效的考核体系，引导各级领导班子和领导干部在干事创业中创新竞进、担当作为，在建设“五个现代化天津”的火热熔炉中淬炼成钢。

关键时刻看担当，紧要关头看作为。天津在区级领导班子换届中，重点选用扛硬活、打硬仗、一贯表现好的干部。2021 年区级领导班子换届中，37 人因在疫情防控、对口支援和东西部扶贫协作工作中表现突出受到提拔重用。在新一届区党政班子成员中，具有乡镇街道正职经历的干部占到了 39.8%，新提拔和进一步使用人选中，有乡镇街道正职经历的干部达到了 46%。在对全市 16 个区 128 名乡镇领导干部换届风气测评中，评价为“很好”和“好”的比例合计达到 99.5%。

天津还把承接北京非首都功能疏解、新动能引育、优化营商环境等 12 项重点工作作为专项考核事项，深入一线了解干部在急难险重任务中的德才表现，对担当作为、表现突出的 133 名公务员和 25 个公务员集体给予表彰，对作出显著成绩和贡献、因公殉职、全市扫黑除恶专项斗争先进工作者等 224 名同志进行嘉奖、记功。

与此同时，天津加大了在乡镇事业编制人员、优秀村党组织书记、农村专职党务工作者、到村任职过的选调生、驻村第一书记和工作队员中选拔乡镇领导班子成员的力度，每个乡镇择优配备 1~2 名，有效激励各级党员干部投身基层演兵场，一批批勇挑重担、讲求实际、甘于奉献的干部脱颖而出。

现在天津各级党员干部有一个共同感受，就是惩治腐败、专项整治和纠治歪风邪气的力度都是前所未有的。广大党员干部不再花心思拉关系、找门路，而是自觉抵制圈子、主动履职尽责，形成了创新担当、勇于作为的强大气场，营造了踔厉奋发、笃行不怠、敢于担当的浓厚氛围。

（三）激浊扬清，严管厚爱相结合

党要管党，首先是管好干部；从严治党，关键是从严治吏。在猛药去疴、严肃问责的同时，天津坚持严管和厚爱结合、激励和约束并重，认真落实“三个区分开来”的要求，不断完善干部考核评价体系，打好精准问责、容错纠错、澄清正名、回访教育组合拳，让无为者无位，为干事者撑腰，推动能者上、庸者下、劣者汰成为常态。

2017年9月，天津出台了《天津市受问责干部管理办法（试行）》，加强对受问责干部后续管理，深化对受处分人员帮扶回访。2018年又出台了《关于充分调动干部积极性激励担当作为创新竞进的意见（试行）》和《天津市干部干事创业容错免责操作规程》，建立健全了正向激励、容错纠错、澄清保护、监督问责四项机制，明确对干部在改革创新、先行先试、履职尽责过程中，合理容错的8种情形和6项必备条件，旗帜鲜明保护担当者、支持干事者、宽容失误者、问责不为者、惩戒违纪者，用制度为干部担当作为、创新竞进保驾护航，大力营造风清气正的政治生态和干事创业的强大气场。

“在新的岗位上，我将忠诚履职、恪尽职守、担当作为，不辜负组织的信任和重托。”这是被提拔为天津市北辰区住房和建设服务中心副主任的王某某在履职谈话中的郑重表态。而在3年前，时任北辰区房屋安全鉴定中心主任的王某某却因履职尽责不到位被给予党内警告和政务记过处分。刚受到处分时，王某某情绪比较低落，干事创业的积极性、主动性也不高。北辰区纪委监委将王某某纳入重点回访对象，通过多方位回访教育和感召激励，帮助他解开了心结、卸下了包袱，全身心投入到工作中。在此期间，王某某先后组织参与了北辰区44个基础设施项目，较好地完成了核心区1号综合能源站建设工程和果园新村街“城市双修”项目，惠及居民9157户。

近年来，天津市委始终坚持“三个区分开来”，坚决防止问责泛化、滥化、简单化，加大教育帮扶力度，先后制定印发了《受到处理或者处分党员帮扶回访工作办法》《纪检监察机关对受到处理或者处分人员回访教育实施细则》《关于建立澄清正名机制激励干部担当作为的意见》《纪检监察机关处置恶意举报行为暂行办法》等文件法规，旗帜鲜明地为干事者撑腰，为受到不实举报的干部澄清正名，让干部卸下包袱、轻装上阵。自2017年开展专项整治到2022年6月，天津先后对11248名干部开展回访教育，为44名干部澄清正名。2021年至2022年6月，全市共对118名受处分后表现突出的党员干部重新起用或进一步使用，推动形成了讲担当、促作为、抓落实的鲜明导向。

党的二十大报告明确提出："完善干部考核评价体系，引导干部树立和践行正确政绩观，推动干部能上能下、能进能出，形成能者上、优者奖、庸者下、劣者汰的良好局面。"未来五年，天津将以开展学习贯彻习近平新时代中国特色社会主义思想主题教育为契机，坚持以学铸魂、以学增智、以学正风、以学促干，教育引导广大党员、干部学思想、见行动，树立正确权力观、政绩观、事业观，不断提振锐意进取、担当有为的精气神，真正让愿担当、敢担当、善担当在津沽大地蔚然成风。

第三章

奋楫征棹：质效并举的历史飞跃

高质量发展是全面建设社会主义现代化国家的首要任务。作为传统老工业基地、改革开放的前沿城市，天津既有旧的历史惯性，也有新的路径依赖。如何摆脱“速度情结”“换挡焦虑”，告别粗放的发展方式，走出要素驱动的思维定式，加速经济转型、结构转优、动力转换，走好高质量发展之路？习近平总书记指出的“着力提高发展质量和效益”，点出了天津经济社会发展后劲不足的症结所在，给天津实现更加健康、更可持续的发展提供了根本遵循、指明了前进方向、注入了强大动力。天津市委、市政府立足新时代、把握大逻辑、践行新理念，发扬历史主动精神，全面贯彻落实习近平总书记提出的“着力提高发展质量和效益”的重要要求，提出要深刻理解把握高质量发展的内涵要求，坚持质量第一、效益优先，厚植创新发展动力，不断调整优化结构，争当推动高质量发展的“先锋”和“闯将”。天津市委、市政府带领全市干部群众坚决转变落后的发展理念，强化战略定力和担当，坚定走素质提升和内涵发展之路，在津沽大地掀起一场影响深远的质量变革、效率变革、动力变革。

一、推动京津冀协同发展，一场“竞”与“合”的困局突破

区域协调发展是解决发展不平衡的一把金钥匙。党的十八大以来，以习近平同志为核心的党中央用协调发展理念引领经济社会发展，用大战略运筹区域协调发展大棋局，为中国经济巨轮破浪前行定向领航。京津冀地缘相接、人缘相亲，地域一体、文化一脉，如同一朵花上的花瓣，瓣瓣不同，却瓣瓣同心。推动京津冀协同发展，是以习近平同志为核心的党中央在新的时代条件下审时度势、高瞻远瞩作出的重大决策部署，是促进区域协调发展、形成新增长极的重大国家战略。这一重大国家战略的实施，对解决京津冀地区发展的深层次矛盾和问题，优化国家发展区域布局和社会生产力空间结构、打造高质量发展的动力源，并为全国区域协调发展带来可复制可推广的经验，对统筹推进“五位一体”总体布局和协调推进“四个全面”战略布局，实现第二个百年奋斗目标和中华民族伟大复兴的中国梦，具有重大现实意义和深远历史意义。

京津冀协同发展是千载难逢的历史性机遇，天津市委、市政府深入贯彻落实习近平总书记关于京津冀协同发展的重要讲话和系列指示批示精神，坚持把贯彻落实习近平总书记对天津工作提出的“三个着力”重要要求与贯彻落实重大国家战略紧密结合起来，牢固树立“一盘棋”思想，全面落实《京津冀协同发展规划纲要》，加快推进“一基地三区”建设。2022年底，为贯彻落实党的

二十大精神，天津市委、市政府决定实施“十项行动”，其中第一项行动就是推动京津冀协同发展走深走实行动，充分体现了市委、市政府对京津冀协同发展重大国家战略的高度重视。天津立足新阶段新任务新要求，坚持从全局谋划一域、以一域服务全局，密切与京冀协同联动，深度融入世界级城市群建设，全力推动重大国家战略向纵深拓展，从全局的高度和长远的考虑来认识和做好京津冀协同发展工作，以强烈的机遇意识和主动精神推动京津冀协同发展。

（一）产业协同迈出新步伐

疏解北京非首都功能是京津冀协同发展的“牛鼻子”，目的是走出一条内涵集约发展的新路子，探索出一种人口经济密集地区优化开发的模式，促进区域协调发展，形成新增长极。京津冀协同发展的实体内容和关键支撑是产业一体化，就是要加快形成区域间产业合理分布和上下游联动机制，在更高层面整合京津冀产业发展。天津市委、市政府坚决贯彻落实习近平总书记决策部署，始终把推动京津冀协同发展作为重大政治任务和重大历史机遇，作为推动高质量发展的根本出路和内生动力，坚持“一盘棋”思想，以大局为上、大局为要，牢牢把握“一基地三区”功能定位，积极承接北京非首都功能疏解，在协同发展中定位天津角色、展现天津作为、尽好天津责任、作出天津贡献。

牵牢北京非首都功能疏解“牛鼻子”，推进京津冀区域产业一体化发展。天津积极承接北京非首都功能疏解，强化京津同城效应，推进京津冀产业协同纵深发展。完善推进机制，三地深度参与并推动出台了国家层面京津冀产业协同方案；工信部 2021 年与天津签署部市合作协议，支持天津建设全国先进制造研发基地；天津牵头与京冀签署两轮产业合作备忘录，形成“国家 + 部市 + 三地”推进体系。牢牢把握承接北京非首都功能疏解“牛鼻子”，对接龙头央企和北京头部民企，一批标志性优质项目落户天津，支撑经济运行稳步回升。中石化在南港建设120万吨乙烯项目，带动下游新材料产业发展；通用技术集团机床二级总部落户天津，打造工业母机国家队；联想在津布局信创产业总部和生产基地，整机年产300万台。2022年天津吸引京、冀投资额1989.4亿元，占全部引进内资的53.8%，2017年以来累计吸引投资额8731.9亿元。其中天津引进北京投资新设机构1406家，新落地重大项目318个。2022年北京企业在天津注册落地工业项目230个，总投资1271.5亿元。持续加强重点产业对接合作，聚焦新一代信息技术、生物医药等重点领域，形成一批产业合作样板示范。六大海河实验室汇集了一批以京津两院院士为核心的顶级科研团队和两地高校、企业优质资源；军事科学院的陈薇院士与天津康希诺生物技术有限公司合作开发我国首个腺病毒载体新冠疫苗；京津冀三地共建的京津冀生命健康产业集群入选国家先进制造业集群。根据国家统计局最新数据，2021年京津冀区域发展指数达到138.9，比2014年增长近40%，协同发展动能持续增强。

滨海新区作为天津承接非首都功能疏解的重要平台之一，发挥了显著作用。2022年，滨海新区承接北京非首都功能疏解重大项目62个，总投资620.82亿元，完成全年任务目标103.5%；共引进北京在津新设机构360个，注册资金928.63亿元。作为承接北京非首都功能疏解的重要平台，天津滨海－中关村科技园自2016年底成立以来，积极推动京津冀高端人才和高端创新要素集聚，2022年新增企业849家，其中新增北京企业170家，京企累计达850家。在天津滨海－中关村科技园中，新增注册企业中约有1/3来自北京，其中科技型企业约占四成。

算大账，谋大局。天津充分发挥自身优势，主动担当作为，以强烈的机遇意识和历史主动精神，统筹推动、有序对接，在积极融入推动京津冀协同发展的实践中，尽好天津之责。

天津滨海－中关村协同创新示范基地

（二）科技创新协同取得新进展

推动协同发展，根本在于创新。京津冀最大的资源是创新资源，最大的优势是创新优势。2019 年 1 月，习近平总书记主持召开京津冀协同发展座谈会时指出："向改革创新要动力，发挥引领高质量发展的重要动力源作用。要集聚和利用高端创新资源，积极开展重大科技项目研发合作，打造我国自主创新的重要源头和原始创新的主要策源地。"这是推进京津冀协同发展的战略选择和根本动力，明确了京津冀协同创新的努力方向和基本任务。天津市委、市政府向改革创新要动力，加强与国家部委、央企、北京企业、科研院所对接，聚焦北京创新资源与天津需求的契合点，注重承接平台建设和协同创新，在体制机制创新上下功夫，加快形成定位清晰、分工明确、开放共享、协同一体的协同创新格局。

积极参与国家重大科技战略布局，10家“国字号”创新平台在津建设。通过承接北京非首都功能疏解、深化产业协同创新，与京冀加强载体共建、联合攻关、成果共享，支持企业同驻京科研院所、高等院校跨区域共建一批产学研创新实体，中国新一代人工智能发展战略研究院、中国工程科技发展战略天津研究院、清华大学天津高端装备研究院、北京大学（天津滨海）新一代信息技术研究院等一批创新平台相继落户或成立，引进国家级院所及分支机构46家。京津冀国家技术创新中心天津中心设立运行，“东数西算”京津冀国家枢纽节点启动建设。天津积极推动京津冀科技成果转移转化，截至2023年2月底，依托天津市科技成果展示交易中心发展技术转移机构143家，发布京冀企业成果8487项，汇集京冀地区专家3836人。

支持三地开展协同攻关。自2014年启动实施京津冀基础研究合作专项以来，共立项100多项，涉及领域包括“京津冀一体化交通”“智能制造”“精准医疗”等。其中，“南水北调工程调水对华北白洋淀区面源污染输出强度与水环境响应机理研究”项目的研究成果已经在雄安新区的生态规划、环境保护、水资源合理开发利用等方面发挥了一定的作用。天津整合京冀共建产业创新联盟以及涉及农业、半导体行业、新材料等多个行业的专业产业联盟创新资源，推动高质量发展。在光电子工艺、数字视网膜平台、电子束选区熔化3D打印等领域取得突破，余热利用、能源回收、废酸和废水深度处理等20余项新技术在天津多家钢铁、重化工企业得到示范应用，协同创新建设成效显著。其中，最引人瞩目的中国科学院天津工业生物技术研究所“人工合成淀粉”，是国际上首次在实验室实现二氧化碳到淀粉的从头合成，科研成果在国际学术顶级期刊《科学》上发表。

京津冀科技成果转化基金开始发挥作用。2021年，天津市科技创新发展中心利用收回的科技风险投资资金，以母基金运作方式，设立京津冀科技成果转化基金，总额计划20亿元。2022年以来，创新中心投入力量宣传推广京津冀科技成果转化基金政策，受到了广泛关注。截至2022年11月，创新中心已收到23只子基金申请，计划资本总额合计超过90亿元，储备项目超过150个，涉及信创、生物医药、新材料等8条产业链。2022年京津冀科技成果转化基金所参股的首只子基金——达晨财智中小企业发展基金完成了募集。

推动创新要素跨区域流动共享。天津积极推动京津冀创新资源有序流动和开放共享，推进三地创新政策互动，鼓励三地中小企业、创新创业团队跨区域利用科技资源。截至2022年底，天津参与开放共享的大型科研仪器达2425台套，年服务京冀企业2000余家次，与北京、河北实现了三地大型科学仪器设备资源的互联互通、开放共享，中小企业跨区域利用科技资源更加便利、快捷。建立京津冀人才工作联席会议制度，共同推出鼓励企事业单位间科研人员双向兼职，实现专业技术人员职称资格互认，人才流动过程中各项福利待遇“随人走”。与京冀共同设立中关村协同创新投资基金、京津冀开发区产业发展基金、京津冀产业协同发展投资基金、国投京津冀科技成果转化基金等基金，促进三地投融资协同共享。与京冀建立互相衔接的创新券合作机制，首批三地753家开放实验室进行互认，惠及三地上万家小微企业。这些措施的实施，有力促进了创新要素的流动和共享，为建立协同创新共同体打下了坚实基础。

随着京津冀协同发展深入推进，天津积极探索“北京研发，天津转化”的协同创新新模式，推动科技协同创新迈出新步伐。根据河北省社科院京津冀协同发展研究中心发布的《京津冀协同创新指数（2022）》，在京津冀科研领域的合作网络中，网络结构相对稳定，北京和天津拥有显著的双核地位。2013—2020年，“双核”合作量增量约占京津冀整体增量的46.6%。京津科技创新合作成为京津冀共塑协同创新共同体的主要动力，为协同创新“赋能”，推动协同创新跑出“加速度”。

（三）基础设施建设协同实现新突破

交通一体化是京津冀协同发展的骨骼系统。发达的现代综合交通网络体系是区域一体化的坚实基础和保障条件，更是疏解城市功能、缓解中心城区人口压力的需要。习近平总书记指出，要着力构建现代化交通网络系统，把交通一体化作为先行领域，加快构建快速、便捷、高效、安全、大容量、低成本的互联互通综合交通网络。只有建立起交通一体化系统，区域的人流、物流和信息流一体化才容易建立起来，而交通一体化必须着眼于整个城市群空间布局和结构，统筹规划和建设交通网络系统。天津市委、市政府强调京津冀抱团发展，交通一体化必须率先行动，充分发挥对内对外“两个扇面”作用，持续打造“轨道上的京津冀”，畅通京津发展轴，做强海港空港“双枢纽”，坚持“大账”“细账”一起算，为京津冀协同发展构建坚强的“骨骼系统”。

“轨道上的京津冀”初具规模。轨道交通是京津冀的主骨架，天津提出构建“4234 高铁网”，聚焦铁路与轨道枢纽打造京津冀区域交通枢纽，取得了显著成就。重点强化京津、津雄发展轴，打通津承、津沧、津雄等廊道，加快建设京滨、津兴、京唐等铁路项目。截至 2022 年底，京津冀铁路营业里程达 10933 千米，其中高铁 2575 千米。依托高速铁路、城际铁路、市域（郊）铁路等，天津正在加快实现京津雄半小时通勤圈、津冀主要城市 1 小时交通圈。2023 年 6 月 29 日，随着津兴铁路胜芳站改造主体工程全部结束，第 4 条连通京津两地的铁路干线——津兴铁路实现正线贯通。作为“轨道上的京津冀”新成员，津兴铁路新建永清东站、安次站已于 2023 年底开通运营。天津市民可乘坐高铁直达北京大兴机场，在方便沿途居民出行的同时，为京津冀一体化发展开辟快速通道，对促进区域经济社会协调发展产生积极影响。

区域公路网基本建成。天津大力推动京津冀一体化公路网络内通外联、广泛覆盖，深化区域交通管理协同联动，京津通勤便利化 12 项措施全面落实，实现公路通行的“畅通无阻”。三地累计打通或拓宽 32 条对接路，总里程达到 2005 千米，基本实现同标准对接。津石、塘承高速等全线贯通，建成津围北二线等普通公路省际接口路，与京冀高速公路、普通国省道接口分别达到 16 个和 31 个，高速公路网密度居全国第二。基本实现了天津与京冀全方向、多通道、高等级的互联互通。

京秦高速天津段

推进京津冀港口群协同发展。习近平总书记在视察天津港时指出，要更好服务京津冀协同发展和共建“一带一路”。天津港作为京津冀和“三北”地区海上门户和国家的核心战略资源，全面推进世界一流智慧港口、绿色港口建设，环渤海内支线运输辐射环渤海主要港口，为推动京津冀协同发展提供重要支撑。强化津冀港口间干支联动，扩大环渤海内支线运量，津冀港口间每天运输集装箱超过 3500 个，连续开通多条海铁联运班列，打造首农冷链物流基地、京津物流园等重点项目，在京津冀地区设立 38 家直营加盟店，构建了服务京津冀的物流体系。

京津冀现代综合交通网络体系“一张图”清晰展现。作为京津冀协同发展三个率先突破领域之一，交通一体化已将三地紧密串联，有力推进了人流、物流、信息流等要素跨省市快速流动，成为活跃整个区域经济的脉动。铁路通了，“轨道上的京津冀”正沿着铁轨逐渐铺就；航路通了，区域港口群蓄势待发；津石高速天津西段、邦喜公路、滨玉公路……随着一条条道路被陆续打通，天津在助力京津冀落后地区交通建设的同时分担首都运输功能，为实现经济高质量发展打下坚实基础。

（四）生态环保协同获得新成效

绿色是京津冀协同发展的底色。良好的生态环境是京津冀协同发展的重要基础，是实现京津冀区域经济可持续发展的重要支撑，也是提升京津冀三地民生福祉的最直接体现。过去，京津冀地区生态环境脆弱，严重制约了区域可持续发展，因此必须重视保护好具有涵养水源功能的森林、湖泊、湿地等。2014 年 2 月 26 日，习近平总书记在京津冀协同发展座谈会上强调：“要着力扩大环境容量生态空间，加强生态环境保护合作，在已经启动大气污染防治协作机制的基础上，完善防护林建设、水资源保护、水环境治理、清洁能源使用等领域合作机制。”天津市委、市政府坚决树牢正确的政绩观，走绿色高质量发展道路，坚定不移推进人与自然和谐共生的现代化建设。认真落实京津冀协同发展战略，积极推进立法、规划、标准、执法“四个协同”。携手京冀两地和周边四省市，坚持“同呼吸、共命运”，打破地域限制，采用集团式作战方式，不断深化大气污染治理，流域水污染协同治理，形成节约资源和保护环境的空间格局、产业结构、生产方式、生活方式，为人民群众创造良好生产生活环境。

大气联防联控，蓝天白云成常态。环境就是民生，青山就是美丽，蓝天也是幸福。天津始终坚持把“绿色决定生死”理念融入京津冀协同发展，走出了一条经济发展与生态环保双赢之路。自 2017 年以来，连续五年与京冀联合制定秋冬季大气污染综合治理攻坚方案，协同开展攻坚行动。与京冀建立大气污染防治协作机制、重污染天气应急联动机制，实现区域大气环境质量前所未有的改善。大力推动“铁腕治污”，天津分类整治 2.2 万家“散乱污”企业，关停 1.5 万家，基本完成燃煤锅炉和工业窑炉清洁能源替代。2022 年天津完成平原地区散煤取暖清洁化治理，完成 41 台 35 蒸吨及以上燃煤锅炉改造或关停，钢铁、石化、平板玻璃等重点行业企业全部完成超低排放改造或深度治理，全市煤电机组全都达到燃气排放水平。2021 年京津冀三地 PM2.5 年均浓度首次全部迈入“30+”阶段；2022 年三地 PM2.5 年均浓度降至 37 微克 / 米 ^{3}，与 2013 年相比降幅均达到 60% 以上；重污染天数均大幅消减、优良天数大幅增加。天津 PM2.5 年均浓度从 2015 年的 83 微克 / 米 ^{3} 下降到 2022 年的 37 微克 / 米 ^{3}，重污染天气从 34 天减少到 4 天，优良天数从 175 天增加到 267 天，改善幅度走在了区域前列。

强化流域共治，共护一湾碧水长清。天津积极践行“节水优先、空间均衡、系统治理、两手发力”的治水方针，与京冀共同部署，坚持流域共治，携手保上游好水、送下游清水。加强重点河流协同治理。围绕 12 条入海河流，实施“一河一策”，开展“查 – 测 – 溯 – 治 – 罚”专项行动，推动跨界河流入境水质改善，确保了 12 条河流入海断面水质从以往的全部为劣，到 2020 年全部消劣，2021 年达到了总体Ⅳ类。强化突发水污染事件应急联动。天津与京冀共同签订《水污染突发事件联防联控机制合作协议》《跨省流域上下游突发水污染事件联防联控框架协议》，提升了应对突发水环境事件协同指挥、联合行动、应急处置的能力。坚持水资源、水环境、水生态“三水统筹”，健全流域生态补偿机制。津冀两地政府签订引滦入津上下游横向生态保护补偿协议（第三期），有力促进了引滦入津上游地区污染治理，引滦入津水质实现持续改善。2022 年 1 月至 11 月，密云水库（北京）、于桥水库（天津）、潘家口水库（河北）、大黑汀水库（河北）水质稳定达到水源地水质要求。

咬定青山不放松，完善生态环保协同长效机制。在巩固完善现有良好协同机制的基础上，2022 年，京津冀生态环境部门联合制定京津冀地区环评会商办法，明确会商的范围、各方责任、程序等，进一步完善区域环评会商机制。落实京津冀生态环境执法联动工作机制，推动标准协同，联合发布实施液氨贮存使用单位环境风险防控技术规范。特别是聚焦移动源线性污染的特点，围绕机动车和非道路移动机械，三地同步制定、同步颁布实施机动车和非道路移动机械排放污染防治条例，实现了一地违法、三地受限的协同管控。天津自 2014 年以来保持“一年一部环保法规”的节奏，先后制修订了《天津市生态环境保护条例》《天津市大气污染防治条例》《天津市水污染防治条例》《天津市土壤污染防治条例》，2022 年制定了《天津市生态文明教育促进条例》，全部设置了区域协同专章，从顶层设计上强化生态环保协同。

生态环境是关系党的使命宗旨的重大政治问题，也是关系民生的重大社会问题。天津坚持用“绿色系数”评价发展成果，让良好生态环境成为人民生活的增长点、经济社会持续健康发展的支撑点，高质量发展的内在逻辑更加坚实。京津冀全面落实京津冀区域生态环境联防联控联建协作机制，共筑绿色生态屏障，京津冀三地的天更蓝了，水更清了，山更绿了，环境更优美了。

二、积蓄创新势能，一场“新”与“旧”的动力变革

建设社会主义现代化国家，科技是第一生产力、人才是第一资源、创新是第一动力。习近平总书记强调，中国如果不走创新驱动道路，新旧动能不能顺利转换，就不能真正强大起来。天津沿着习近平总书记指引的方向，坚定实施创新驱动发展战略，精心培育新动能。天津在科教资源、创新人才等方面具有良好基础和比较优势。近年来，天津坚持创新驱动发展战略，聚焦科技自立自强，努力打造自主创新的重要源头和原始创新的主要策源地，成绩斐然，重要创新指标始终保持全国领先：全市研发投入强度达到 3.66%，连续多年位居全国第三；综合科技创新水平指数达到 83.5%，稳居全国综合创新水平第一梯队。新征程上，天津市委全面贯彻落实党的二十大精神，部署实施“十项行动”，专门提出组织实施科教兴市人才强市行动，天津正继续着创新驱动发展战略的实践，朝着宏伟目标大步前进。

（一）坚持科技自立自强

关键核心技术是国之重器，对推动我国经济高质量发展、保障国家安全具有十分重要的意义。习近平总书记强调，实践反复告诉我们，关键核心技术是

要不来、买不来、讨不来的。新征程上，科技攻关要坚持问题导向，奔着最紧急、最紧迫的问题去，从经济社会发展和国家安全面临的实际问题中凝练科学问题，弄通“卡脖子”技术的基础理论和技术原理，把关键核心技术掌握在自己手中，努力实现更多“从 0 到 1”的突破。为了积极融入国家创新战略布局，天津市委、市政府全力推动重大科技基础设施和科技创新平台建设，高标准建设海河实验室。作为天津版“国之重器”，海河实验室瞄准世界科学前沿、聚焦产业发展需求，向“卡脖子”问题发起冲锋。

南开区科研西路 6 号，这个安静的小院里坐落着天津六大海河实验室之一的物质绿色创造与制造海河实验室（以下简称物创海河实验室）。这是一座以服务“绿色发展”“碳达峰、碳中和”“健康中国”等国家重大战略为导向，以加强物质绿色创制领域“从 0 到 1、到 N”的突破为目标，打造的物质科学重大科研平台。2022 年底，物创海河实验室陈军、袁明鉴带领团队研发的重大成果，在《自然》（*Nature*）期刊在线发表，该成果进一步将我国钙钛矿半导体材料研究推向世界领先行列，受到国际学术界相关领域专家的广泛关注及认可，被评价为“为宽带隙半导体材料突破现有瓶颈提供了极为重要的借鉴意义，有希望将钙钛矿材料带入下一场显示技术革命”。长期以来，我国显示发光产业的关键发光材料对国外依存度较高，而该项研究成果就是瞄准其中一类非常有代表性的材料体系——量子点材料，被科学家誉为“最理想的发光材料”，实现了在该“卡脖子”领域的突破。2022 年，物创海河实验室实际承担国家级科技项目接近 90 项，其中千万级项目达 10 项，覆盖物质催化、高端膜材料、过程表征、新能源利用和低碳资源转化等领域。

像物创海河实验室这样的海河实验室，天津市共建设了 6 家，分别是细胞生态海河实验室、信创海河实验室、现代中医药海河实验室、合成生物学海河实验室、物质绿色创造与制造海河实验室、脑机交互与人机共融海河实验室。这些天津版“国之重器”在多个前沿科技领域进行关键核心技术“从 0 到 1”的突破。

为了进一步激发海河实验室的创新活力，天津不断优化体制机制，打造天津特色的科技创新平台运营模式。细胞生态海河实验室实施“揭榜挂帅”机制，推动关键技术研发和企业融合攻关；现代中医药海河实验室创新人事管理机制，遴选 4 名挂职副主任，实现承建单位和海河实验室履历和职称互认；合成生物学海河实验室按照“先定事、后定人”原则，采用“点名制”“挑战赛”“诺奖计划”等方式，引进陈坚院士、杨焕明院士等团队；物创海河实验室建立市、区、校、企“四方共建”机制，以及学术咨询委员会、产业咨询委员会、管理委员会“三位一体”组织模式，充分发挥各界力量。良好的创新生态让海河实验室等重大创新平台像一块磁石，吸引海内外高端人才纷至沓来，共聚集两院院士在内的国家级人才团队 182 个，开展重大课题 130 余项，80% 以上项目面向产业，牵头组建由 123 家单位参与的创新联合体，推动金融机构量身提供近 30 亿元资金支持。

海河实验室的建设是天津瞄准世界科学前沿、聚焦产业发展需求，发力原始创新的缩影。10 年来，天津不断加强研发投入，研究与试验发展（R&D）经费稳居全国前三，持续推进重大创新基地和创新平台建设，抓紧布局国家实验室，不断涌现出原创性、引领性重大科技成果，其中包括：在国际上首次实现实验室条件下从二氧化碳到淀粉的人工生物合成，入选 2021 年度“中国科学十大进展”；造血干细胞发育规律、调控机制及再生策略取得原创性贡献，引领推动了再生医学领域发展；非线性拓扑光子学前沿领域研究获得新突破，为利用高阶拓扑态实现新型拓扑光腔带来前景；“妙手”腹腔微创手术机器人，在国内首获产品注册，引领新型微创手术机器人技术发展。截至 2023 年 1 月，天津市的国家和市级重点实验室、技术创新中心、产业技术研究院等重大创新平台已聚集各类科技人才 3 万余人，其中包含两院院士、国家杰出青年等领军人才在内的高层次人才数量达到 5000 人，引才聚才效应逐步显现。

新征程上，天津将继续依托重大创新平台加强基础研究，提升引领创新驱动发展的源头供给能力。积极推动科教兴市人才强市行动，全力推进国家重点实验室重组，着力构建以全国重点实验室为前沿引领、以海河实验室为核心载体、以市级重点实验室为网络支撑的实验室体系，持续推动重大平台创新能级跃升，为高水平科技自立自强贡献天津力量。

（二）奋力突破“卡脖子”困境

当前国际环境日益复杂和深化，科技安全重要性凸显。信创产业，即信息技术应用创新产业，其本质是发展国产信息产业，旨在实现“自主可控、安全可靠”的发展目标，是国家经济数字化转型、提升产业链发展的关键。自2018年中美经贸摩擦爆发以来，中国众多科技实体遭遇了美国的各项制裁，以AI、芯片为代表的关键核心技术的供应链安全是大国战略竞争的核心焦点。在外部挑战不断加剧的背景下，迫切需要推进信创产业国产化，重点是突破关键创新资源“卡脖子”困境。习近平总书记指出，中国式现代化关键在科技现代化；必须瞄准国家战略需求，系统布局关键创新资源。为突破芯片设计、操作系统适配等关键核心领域“卡脖子”困境，天津以滨海高新区海洋片区为核心承载区聚力打造“中国信创谷”，在全国率先扛起打造国家信创产业示范区的大旗，打造千亿级信创产业集群。

截至2023年7月，“中国信创谷”聚集了以飞腾、麒麟、曙光为代表的1000余家上下游企业，实现了从CPU操作系统、数据库、超算、网络安全到整机终端的信创全产品链条，形成了信创整体方案供给能力，信创产业规模占全市半壁江山。坐落于“中国信创谷”的先进计算与关键软件（信创）海河实验室，也正在加快推动科研项目布局遴选，已启动首批科研项目9项。“面向开放CPU架构的开源桌面操作系统”等5项重大攻关课题按计划实施，完成后预计将形成20余项发明专利，突破一批“卡脖子”关键技术。

作为“中国信创谷”坚实底座，飞腾、麒麟组成的“PK”体系，逐步成为信创产业的“双子星”。7 分钟便可批量生产，光盘物理重量仅有几十克，麒麟软件旗下的“银河麒麟 V10 操作系统”和天问一号、嫦娥五号等庞然大物一起入选 2020 年度“央企十大国之重器”，充分彰显了这套国产操作系统的重大战略价值。2022 年，麒麟软件持续加强核心技术研发、推出 openKylin 开源社区、发布“星光麒麟”战略，截至 2022 年底，麒麟软件生态适配合作厂商超过 6000 家，软硬件生态率先突破 150 万大关，连续 11 年位列中国 Linux 市场占有率第一名。在 2023 年 7 月 5 日举行的 2023 操作系统产业大会上，我国首个开源桌面操作系统“开放麒麟 1.0”正式发布，标志着我国拥有了操作系统组件自主选型、操作系统独立构建的能力，填补了我国在这一领域的空白。2022 年，飞腾公司研发投入 7.84 亿元，同比增长 27%，新增 1500 余家生态合作伙伴，总计近 5000 家，成为国产 CPU 领域市场体量最大的科技企业，飞腾 CPU 已广泛应用于政务、金融、电信、电力、能源、交通、教育、医疗、智能制造等众多领域。2023 年，天津市滨海新区围绕飞腾、麒麟等龙头企业延链补链强链，着力构建“头部企业 + 创新平台”模式，推动建设 TCL 中环新材料创新研究院、麒麟先进操作系统创新中心等一批创新联合体，加快实现信创产业集群发展。

飞腾、麒麟只是天津信创产业链上的一个缩影。经过多年部署，天津现已集聚信创产业上下游创新创业企业 1000 多家，在国产芯片领域，天津已形成 IC(集成电路) 设计、芯片制造、封装测试三业并举，新型半导体材料与高端设备等支撑配套业共同发展相对完整的产业格局，汇聚了中芯国际、中环半导体、华海清科等全国领先的制造、设备及材料厂商。国产软件领域，麒麟操作系统功能不断成熟，并在全国所有省区市和部委获得部署应用，更实现了电力 DCS、中移动综合网管、银行关键业务系统等自主产品的突破性应用。国产数据库领域，全国四大数据库企业天津占三家，其中南大通用数据技术股份有限公司的自主可控数据库、大数据产品已实现国内领先、国际同步。此外，天津拥有国家超算天津中心、计算机防病毒技术国家工程研究中心等 28 个国家级创新载体，落地信创海河实验室、国家先进计算产业创新中心、先进操作系统创新中心等重大创新平台，以及“电信网络诈骗大数据安全分析检测预警抵制平台”等 82 个省级以上公共服务平台。市级先进操作系统创新中心注册成立，全国首个信创安全基地落户天津，集成电路“芯火”双创基地正式挂牌。目前，天津已经成为全国信创产业链布局最完整的城市之一。

天津信创产业的高速发展，离不开天津市委、市政府的大力支持和培育。飞腾公司副总经理郭御风说：“在最初的五年里，我们基本都是在投入，也没有为天津创造什么效益。但天津依然给了我们很多政策、资金等各方面的支持。随着飞腾驶入发展快车道，已经可以开始反哺天津的经济发展，尤其是能够在产业聚集、构建产业生态环境方面贡献我们的力量。”麒麟软件副总裁李佩江认为：“没有天津市政府的支持，就没有麒麟软件的今天。”为了扶持信创产业发展，天津专门成立了 100 亿元产业基金，实现对重点产业和企业生命周期的全覆盖。在创新政策方面，天津滨海高新区在科技创新、产业高质量发展、人才方面先后出台了“科技六条”“信创九条”等一系列专项支持政策，为企业提供全方位的普惠性及定制性政策，支持企业科技创新和做大做强。

2022 年天津市软件和信息技术服务业收入达 2722 亿元，比 5 年前增长 101.3%。“十四五”时期，天津还将打造千亿级国家信创产业基地——中国信创谷，加快建设腾讯 IDC 数据中心、北斗导航北方总部基地、中科曙光二期、麒麟飞腾创新大厦、电子芯片研发平台、中电创新园等一批优质项目，不断壮大信创产业规模，加快实现数字信息技术自主可控、安全可靠，不断筑牢我国经济发展的信息安全底线。

（三）打造科技创新策源地

高科技园区是建设科技强国的重要支点。习近平总书记强调，高科技园区在科技自立自强中承担着重大而光荣的历史使命，要加强科技创新和产业创新对接，加强以企业为主导的产学研深度融合，提高科技成果转化和产业化水平，不断以新技术培育新产业、引领产业升级。为了让党的二十大精神落地生根，天津深入落实科教兴国战略、人才强国战略、创新驱动发展战略，全力打造科技创新高地，见实效出真章，天开高教科创园（以下简称天开园）在天津市委、市政府的推动下破土而出。园区将依托高校凝聚智慧、汇聚人才、集聚产业，全力打造科技创新策源地、科研成果孵化器、科技服务资源集聚区，突出科教融合、科创属性、创新生态、市场导向四大特色，为创新链、产业链、资金链、人才链深度融合提供载体平台，更好地支撑高质量发展。

天开高教科创园

“天开”一词，字典里有种解释：天予开发、启示。2023 年 5 月 18 日，“天开”被赋予了新的含义——酝酿已久的“天开高教科创园”开园，并向全世界发出最真挚的邀请：让我们一起把“创新的天空”打开！天工开物、智创未来。从最初设想到实打实落地，不足半年时间，天开园的科技工作者和建设者们一道用心血拼出了这个奇迹。天开园围绕科创园区发展规律和要素特征，结合天津区域资源禀赋和发展需求，着力构建“一核两翼”、辐射全市的总体空间发展布局，即以南开区环天南医大片区为核心区，以西青区大学城片区为西翼拓展区，以津南区海河教育园区片区为东翼拓展区，在功能上形成以研发孵化为主的“一核”和以研发转化产业化为主的“两翼”。园区依托南开大学、天津大学等 56 所在津高等院校，170 多家国家级院所和国内高水平研发机构，面向全球创新创业师生和科研工作者，探索“学科 + 人才 + 产业”的创新发展模式，建立高校与产业园区“握手”通道，培育更多具有自主知识产权和核心竞争力的创新型企业。

为了把天开园打造成汇聚天津科创优势、落实科教兴市人才强市行动的重要平台，天津市制定了《天津市关于支持天开高教科创园高质量发展的若干政策措施》，围绕成果转化、科技金融、创新创业、人才引育、校友经济等十个方面，共 34 条政策措施。34 条举措重点聚焦三类服务，包括成果转化服务、科技金融服务、创业孵化服务等。按照政策规定，在天开园内，对引进的知名技术转移机构最高可给予 100 万元支持。支持概念验证，为初创企业搭建研究成果迈向市场化应用的桥梁，从源头提高科技成果转化效率，对概念验证项目最高给予 100 万元支持。对落户的高成长初创科技型企业最高将给予 1000 万元支持。设立企业研发专项，对园区内企业开展关键核心技术攻关等活动，给予最高 100 万元研发支持等。政策重点服务三类创新主体，即大学生、高校科研人员和校友。如对大学生在园区内创业给予经费支持，运营机构为大学生提供低成本孵化载体空间，为初创企业轻装上阵提供条件。支持高校科研人员职务科技成果在园区内转化，赋予科研人员职务科技成果所有权或长期使用权。鼓励校友在津创业，支持拥有科技成果的校友在天开园创办科技型企业，最高给予50万元支持等。天津用务实举措和真金白银，着力推进天开高教科创园高质量发展。

在高标准规划搭建天开园的同时，园区内的高水平配套服务也同样迅速"上线"。2023年5月10日，天开高教科创园综合服务中心投入试运行。南开区政务服务办经与市政务办反复梳理，最终确定了320个园区事项现场办理，1100余项服务事项帮办代办。企业来此办事，基本一趟就能办结。为了更好地服务企业，南开区政务服务办还创建了"首席服务官"制度。首席服务官是第一个接待企业办理业务的工作人员，只要企业将需求和相关要件提供给首席服务官，就可以进行业务办理及对接。天开园综合服务中心还设置了"7×24小时不打烊"的自助服务专区，引进了中国北方首台集成远程帮办和超写实数字人的智慧微厅。此外，针对天开园入园企业融资需求，天开园综合服务中心内配置了金融超市，内部包括引导服务区、洽谈区、显示播放区、纸件阅览区、政策导览区等模块。

科创企业的茁壮成长离不开专业化科技服务资源支撑。对高校创业师生来说，最让他们头疼的不是科研项目的进展，而是公司投融资等事务的对接。天开园为创新创业企业提供概念验证、小试中试、检验检测、知识产权保护与交易服务，聚集一大批知名创业导师、技术经理人、服务管家，一大批天使基金、风投基金、产业基金，为创新创业提供全方位支持。创业师生们可以把非核心业务全部外包，从而全身心投入到技术研发方面。截至2023年5月19日，已有24家科技服务机构、99家金融机构入驻天开园，科技创新要素集聚态势加快形成。

"花"开遍地，"果"满枝头。开园之初，天开园内便已入驻优质创新创业项目55个，注册企业287家，签约金融服务机构104家，落地科技服务机构80家。2023年6月5日，21个新项目入驻核心区科技广场，新入驻项目预计解决新增就业近 300 人，2023 年产值过亿元，加上首批入驻的项目，创新的“种子”已经埋下了 76 个。此外，天开园项目库储备校友项目、师生创业项目总数已达到 139 项，且项目数量仍在快速增长。随着科创资源集聚带来的项目成长加速，天开园将成为天津市科技创新策源地和新的城市增长极，为落实科教兴市人才强市行动、推动高质量发展“赋新能”。

三、坚持制造业立市，一场“高”与“低”的动能转换

制造业是国家经济命脉所系，是立国之本、强国之基，制造业高质量发展是经济高质量发展的重中之重。习近平总书记多次强调制造业的重要作用、重要地位，明确指出我们现在制造业规模是世界上最大的，但要继续攀登，靠创新驱动来实现转型升级，通过技术创新、产业创新，在产业链上不断由中低端迈向中高端。天津是近代中国工业的摇篮，制造业底蕴深厚、基础扎实、贡献突出。天津市第十二次党代会进一步明确了实施制造业立市战略，立的是“国之大者”，立的是“城市定位”。坚持制造业立市，毫不动摇壮大实体经济根基，是推进高质量发展的必然要求，是适应新一轮科技革命与产业变革的要求，是贯彻落实习近平新时代中国特色社会主义思想的重要体现，也是天津的优势所在、责任所系，力拼一场“高”与“低”的动能转换，这是一场必须打赢的硬仗。

近年来，随着制造业立市战略的深入实施，天津市初步构建了“1+3+4”现代工业产业体系，为实体经济持续发展壮大打下了良好基础。为了进一步推进产业能级跃升、加快打造全国先进制造研发基地，大力实施制造业高质量发展行动，以此助推天津全面建设社会主义现代化大都市新征程。天津坚决贯彻新发展理念，紧紧抓住供给侧结构性改革这条主线，既大力支持新技术、新模式、

新产业，打造经济增长新引擎，实现“无中生有”，也致力于传统产业转型升级，推动制造业实现高端化、智能化、绿色化，促进“老树发新芽”，实现“有中出新”。天津以“咬定青山不放松”的决心加快转型升级、发力结构调整，渤海之滨的这片热土活力迸发、激情洋溢。

（一）绿色筑基，低碳发展

绿色发展是关系我国发展全局的重要理念，是突破资源环境瓶颈制约、转变发展方式、实现可持续发展高质量发展的必然选择。党的二十大报告指出，“推动经济社会发展绿色化、低碳化是实现高质量发展的关键环节”。天津必须牢固树立和践行绿水青山就是金山银山的理念，站在人与自然和谐共生的高度谋划发展。天津市委、市政府坚定不移践行习近平生态文明思想，深刻认识绿色低碳发展对推动高质量发展、建设美丽天津的重大意义，高水平高质量谋划绿色低碳发展行动。制造业是节能减碳的主体，也是整个绿色低碳循环经济体系的重要组成部分，既能为新能源发展提供创新和消纳应用场景，又能为节能减碳和污染治理提供技术设备支持，还能为高品质生活提供绿色低碳产品。近年来，天津深入贯彻实施绿色制造工程，以重大工程、项目为牵引，以绿色制造体系建设为纽带，带动绿色技术推广应用、产业链供应链协同转型，让制造业发展的底色更绿、底气更足。

狠抓工作落实，加快构建绿色低碳工业体系。以绿色为“尺”，推进产业转型、提质增效，坚持做大增量、做优存量、做好减量，以发展智能科技、信创产业为突破口，培养壮大绿色低碳循环经济产业。生物医药等战略性新兴产业日益壮大，传统产业不断向高端化、智能化、绿色化升级，低碳发展的底盘进一步夯实。持续优化交通运输结构，建成并投入运营钢铁运输“公转铁”项目，减少汽车年碳排放 8 万多吨。大力推动能源结构调整，持续削减煤炭消费总量，增加天然气多渠道供应、可再生能源电力消纳比重、本地非化石能源利用，2021年全球首个零碳码头智慧绿色能源系统在天津港并网发电，2022年天津港C段绿色智慧能源示范项目（二期）3台5兆瓦风机并网，C段绿色能源示范项目年发电量将达到5500万千瓦时以上，减少二氧化碳排放5万余吨。利用绿色生态屏障，加紧建设“绿碳银行”，截至2021年11月，10.57万亩生态林已纳入碳汇交易，贡献碳汇将达20.6万吨/年，预计到2035年，天津市绿色生态屏障区内林业碳汇年交易价值可达千万元。在碳排放交易中，2021年，天津市碳市场成交量5074万吨，位居全国第二，截至2023年6月30日，纳入天津碳交易试点的145家企业全部完成2022年度碳配额清缴工作，并在全国率先完成履约，履约率连续8年100%。在科技助力下，天津不断加速技术与新产业、新业态融合，实现了生态保护、绿色发展和民生改善的共赢，为绿色低碳发展注入了强劲动力。

持续推进“双碳”目标任务，推动绿色高质量发展。作为老牌工业城市，天津锚定“双碳”目标，通过改革、创新、升级等方式，向绿色低碳发展转型，一边做足“双碳”减法，一边做好绿色加法，推动减污降碳协同增效，促进经济社会发展全面绿色转型。建立减污降碳协同推进机制，加快推动产业、能源、交通运输等重点领域结构调整，积极引导形成简约适度、绿色低碳的生活方式，推动生产生活方式转型取得显著成效。依托智慧能源小镇等创新实践成果，在滨海新区建设国际领先的能源互联网综合示范区，形成了生态宜居智慧能源服务、智慧港口绿色能源供应、园区高可靠能源保障、多产业高效能源利用四大典型能源发展业态。相互赋能、协同发展、互融共生、合作共赢的“低碳”产业发展新格局已经为天津“双碳”目标的实现打下坚实基础。

在绿色发展的道路上，天津驰而不息、行而不辍。厚植绿色发展底色，像保护眼睛一样保护生态环境，像对待生命一样对待生态环境，推动环境建设，做足生态文章；咬定“绿色”不动摇，在产业绿色转型上下狠功夫，让生态优势变为发展优势；加快打造美丽宜居天津，不断探索实践生态环境治理的高质量发展之路。绿色是生命的象征、发展的底色，蕴藏着一座城市的潜力与韧性。如今的津沽大地，新发展理念深入人心，绿色发展在不断延伸，生态文明底色更加鲜亮厚重。

（二）智慧赋能，科技引领

智能制造是新一代信息技术与制造业的深度融合，更是推进制造业转型升级，实现高质量发展的“动力引擎”。党的二十大报告指出，“实施产业基础再造工程和重大技术装备攻关工程，支持专精特新企业发展，推动制造业高端化、智能化、绿色化发展”。这为加快推进制造业高质量发展、推动中国制造向中国创造、“中国智造”转变，指明了方向、提供了遵循。当前，我国已转向高质量发展阶段，我们要顺应第四次工业革命发展趋势，共同把握数字化、网络化、智能化发展机遇。智能制造已经由理念普及、试点示范进入深入应用、全面推广的新阶段，这为天津制造业发展提供了新的发展机遇。习近平总书记指出，要以智能制造为主攻方向推动产业技术变革和优化升级，推动制造业产业模式和企业形态根本性转变，以“鼎新”带动“革故”，以增量带动存量，促进我国产业迈向全球价值链中高端。近年来，天津深入学习贯彻习近平总书记推动制造业高质量发展重要要求和制造强国战略，立足全国先进制造研发基地功能定位，实施制造业立市战略，围绕 12 条重点产业链，以智能科技引领工业制造向“智”造升级，实现制造业的“换道超车”，锻造发展新优势。

大力发扬“天工开埠”精神，构建现代产业体系。智能科技产业因其先导性、创新性而成为引领性产业，天津加速构建现代化产业体系，赋能制造业高端化、智能化、绿色化发展。瞄准全国先进制造研发基地这一定位，天津通过出台《天津市制造业高质量发展“十四五”规划》《天津市智能制造发展

“十四五”专项规划》，以及《天津市制造强市建设三年行动计划（2021—2023年）》《天津市产业链高质量发展三年行动计划方案（2021—2023年）》等一系列政策措施，以智能科技产业为引领，以生物医药、新能源、新材料为重点，以装备制造、汽车、石油化工、航空航天为支撑的“1+3+4”现代工业产业体系初步形成，两带集聚、双城优化、智谷升级、组团联动的市域产业空间结构逐渐呈现，“一主两翼”产业创新格局日趋优化。充分发挥百亿级智能制造专项资金引导作用，2022年实施智能制造专项资金项目203个，新打造智能工厂和数字化车间100家，工业企业上云突破9000家，累计支持8批近3000个项目，安排市区两级财政资金近百亿元，创建300余家智能工厂和数字化车间，补助各类智能制造项目3000余个，形成了柔性制造、预测性维护、远程运维等新模式，带动智能制造投资快速增长，制造业产业升级加快。

“高”“低”动能转换，培育发展新优势。卸下“数字包袱”，摆脱“速度情结”，把制造业发展的着力点放在拼质量、拼效益、拼绿色上，天津的产业结构优化升级。一方面，针对产业结构偏重偏旧、新兴产业竞争力偏低等短板，天津在着眼传统制造业转型升级的同时，不断做大新动能的底盘。帮助企业“强筋健骨”，走好走实高效集约发展之路。另一方面，聚焦重点产业和关键领域，探索“一条产业链、一位市领导、一个工作专班、一套工作方案”的“链长制”模式。打好重点产业链攻坚战，建立“链长＋链主”双牵引机制，吸引链主企业和高端产业要素加快聚集，培育一批具有牵引带动作用的链主企业。2023年，天津市安排重点建设项目673个，重点储备项目182个。未来将继续强化重大项目支撑，推动一汽丰田新能源车增产上量，中石化南港120万吨乙烯、华为天津区域总部等项目竣工，中芯国际大二期、诺和诺德扩能、联想创新产业园、康希诺创新疫苗产业园等项目加快建设，渤化新材料产业园二期、卓朗工业软件产业园、海能发海洋装备制造等项目开工。通过抓运行、抓企业、抓项目、抓园区、抓人才、抓创新、抓政策，集中攻坚信息技术应用创新、集成电路等

12 条产业链，为建设制造强市提供坚实产业支撑。按照链式整合、园区支撑的原则，以园聚链、以链集群，按照“一园一特色、一区一品牌”原则，着力打造“中国信创谷”“北方声谷”“生物制造谷”以及氢能、北辰高端装备制造等一批高品质、高能级的主题园区。

数字赋能提速加力，推动制造向“智造”转型。从“制造”到“智造”，破题的关键在“开拓创新”。天津以智能科技赋能高质量发展，出台重点产业链专属政策，加快推进“中国信创谷”建设，进一步扩大信创产业优势，实现信创全产品链条，汇聚超千家上下游企业。2022 年，信创产业链增加值增长 9.2%。分类实施制造业数字化转型，推动行业龙头企业集成应用创新、中小型企业数字化普及应用，强链补链，构建良好生态。加快数字化发展行动，建设“津产发”数字经济综合应用平台，在智慧城市、智能制造、智慧港口等重点领域打造一批示范标杆项目。依托“津产发”数字经济综合应用平台和 41 个应用场景，不断拓宽和丰富工业互联网的应用。数字基础设施建设发展迅猛，2022 年全市累计建成 5G 基站 5.5 万个，城市家庭千兆光纤网络覆盖率、城市万兆无源光网络、500 兆及以上用户占比 3 项指标全国第一，固定宽带用户下载速率位居全国第二。率先完成全国唯一的“互联网 + 监管”系统多级联动应用试点建设，汇聚市区两级监管数据超 6.4 亿条，该系统入选 2022 年度数字政府典型案例，以数据赋能监管新模式促进政企数据对接融合，充分释放数据的价值。加快建设北方大数据交易中心，“云服务”“云体验”等新业态新模式不断涌现，用云量规模和赋智量增速位居全国上游，产业数字化发展目标逐步实现。以信息化、智能化为杠杆培育新动能，着力打好关键核心技术攻坚战，推动互联网、大数据、人工智能同实体经济深度融合。经过不懈努力，天津抢占新赛道，成为全国信创产业链布局最完整城市。国家人工智能创新应用先导区、国家先进制造业与现代服务业“两业”融合试点区成功获批后，2022 年，天津人工智能产业核心规模达到 140 亿元，国家人工智能创新应用先导区滨海新区聚集人工智能相关企业500余家，带动产业规模超3000亿元；位于津南区的海棠众创大街，引进阿里云创新中心、智创工坊等11个创新孵化平台，吸引了一大批人工智能、大数据相关企业落户，新增环泰科技高效太阳能叠瓦组件智慧工厂等1159个项目，完成投资超过1200亿元。发力新技术，攻克了“天河三号”超级计算机、“脑语者”芯片、康希诺疫苗、240吨AGV自动运载车等一批共性关键技术，打造了一批撒手锏产品和重点新产品；开拓新格局，以领航企业为引领、单项冠军企业为支撑、“专精特新”中小企业跟进跃升的梯度发展格局正在形成。如今，天津上“云”工业企业已突破万家，两化融合贯标企业累计达1400余家，两化融合指数达107.6，位居全国前列。出台智能科技产业“1+10”行动方案，设立百亿智能制造专项资金和新一代人工智能科技产业基金，制定《天津市贯彻落实数字经济发展战略纲要的实施意见》，推出《天津市建设国家新一代人工智能创新发展试验区行动计划》等天津持续强化自主创新能力和基础支撑能力，加快推进数字化转型，探索可推广、可借鉴的人工智能经济“天津方案”。

“天河三号”超级计算机

“高”与“低”的更迭聚合起北方经济“动力核心”的澎湃之力。制造业是天津的底蕴所在，也是筋骨所在、脊梁所在，高扬“制造业立市”的大旗，天津正朝着高质量发展的宏伟目标大步迈进。生物药、化学药为一体的生物医药产业链基本形成，新能源和新材料从基础、应用研究到产业化的全链条研发生产能力不断提升，大飞机、无人机、新一代运载火箭、卫星为一体的航空航天产业格局不断优化，海工装备、高档数控机床等装备制造业的产业集群效应日益凸显。未来天津将加快打造中国信创谷，加强新一代超级计算机应用生态建设，推动国家超算天津中心更深入、更紧密、更市场化服务全市智能制造、信创产业、生物医药发展，增加“AI+ 制造”“AI+ 信创”“AI+ 交通”等应用场景，推动智能网联汽车、自动驾驶产品技术等场景规模化应用。加快打造京津冀特色细胞谷，推进现代中药创新中心、中国医学科学院细胞产业转化基地等平台建设，实施中电云脑健康医疗大数据、劲风生物免疫肿瘤细胞治疗等重大项目。加快打造生物制造谷，推进生物制造产业园、中科复星生物产业基地等一批项目建设。支持海工装备集聚区申报国家级创新型产业集群。在信创、先进材料、生物技术、细胞科学、脑机交互等领域转化一批科研成果，培育发展未来产业。

（三）面向未来，创新驱动

抓科技就是抓发展，谋创新就是谋未来。当今世界，全球科技创新进入空前密集活跃的时期，新一轮科技革命和产业变革正在重构全球创新版图、重塑全球经济结构。科技创新，就像撬动地球的杠杆，总能创造令人意想不到的奇迹。习近平总书记指出，谁牵住了科技创新这个“牛鼻子”，谁走好了科技创新这步先手棋，谁就能占领先机、赢得优势。科技实力决定着世界政治经济力量对比的变化，也决定着各国各民族的前途命运。天津市委、市政府坚持以新应新、创新赢新、革故鼎新，牢牢把握创新在现代化建设全局中的核心地位，坚持新理念、新设计、新战略，不等待观望，不亦步亦趋，把工作着力点放在调整经济结构、增强自主创新能力、解决制约经济发展深层次矛盾上，面对科技创新发展新趋势，以敢为天下先的勇气和担当，寻找科技创新的突破口，优化创新生态系统，抢占未来经济科技发展先机。在体制上率先突破，坚决清除各种有形、无形枷锁，让创新要素充分活跃起来。在行动上抢占先机，突出“民、实、用”，着力提高科技创新有效供给能力，推动科技创新和经济社会发展深度融合。坚持以打造平台载体为抓手，构建以企业为主体、市场为导向、产学研相结合的技术创新体系，着力提升自主创新和原始创新能力，全力塑造高质量发展新优势。天津加速“研发”和“制造”的联动，突破关键核心技术，加快布局未来产业，提升产业发展能级，壮大发展新动能。瞄准打造“大国重器”战略需求和本市产业发展需要，天津持续增强“研发”与“制造”联动效应，建立“北京研发、天津制造”工作机制，加速技术联合攻关和成果孵化转化，实现“研发”“制造”紧密协同、联动发展。

深化科技体制改革，激发创新发展动能。天津不断深化创新体制机制改革，坚决破除束缚科技创新的思想壁垒和体制障碍，进一步激发创新动能、活力，坚持企业创新的主体地位，推动技术创新决策、研发投入、科研组织和成果转化。依托“雏鹰－瞪羚－领军”梯度培育机制，激励企业在关键技术创新项目中“揭榜挂帅”“研发众包”，充分发挥龙头企业项目的引领、辐射、带动作用。同时，鼓励企业参与应用类项目指南制定、牵头承担项目，投入相应的配套资金，与财政资金捆绑实施科研项目，从科研立项源头推动成果与市场对接。围绕创新需求完善科技评价体系、激励机制，打通政策“堵点”，确保鼓励创新措施更加具体化、可操作化。瞄准重点创新领域和主攻方向，集中优势力量，形成政策支撑合力，确保把有限的资金用到刀刃上。加强金融支撑，加大海河产业基金等引导资金支持力度，开展了两批重大项目集中开工活动，高端装备、生物医药等领域项目占比达到 40%。

打造创新创业“孵化器”，建设新兴产业“策源地”。进一步强化企业创新主体地位，引导企业加大研发投入，紧扣入孵企业在研究、开发、检验检测等方面的需求，搭建专业技术服务平台、提供专业化服务，培育、聚集了一批优质科技企业。2022 年全年规上工业企业研发经费投入增长 10% 以上，培育认定市级企业技术中心 40 家以上，推动 3 家技术中心升级为国家级企业技术中心。推动先进操作系统创新中心建设，争创国家级制造业创新中心。建立科技研发和产业转化“握手通道”，加速科技成果本地转化产业化。深入实施“三品”战略，振兴天津传统品牌。推动龙头骨干企业建设专业型孵化机构，鼓励大中小企业融通发展，探索建立“创新平台 + 企业孵化 + 产业园区”一体化协同发展模式，营造优良的产业创新生态。瞄准国家战略目标，重点梳理突破“卡脖子”和战略必争技术，实施了关键核心技术攻关工程，积极发挥高校和大学科技园所在区“双主体”作用，支持大学科技园成为高校成果转化“首站”，认定 4 家高水平大学科技园，孵化企业 130 余家，转化科技成果 60 余项，有力推动科技、教育、经济融通发展。在加强关键核心技术攻关方面，天津紧盯制造业重点产业链卡点技术需求，通过“揭榜挂帅”模式，突破一批产业链关键核心技术（产品）。聚焦工业强基“五基”滚动编制产业基础创新发展目录，实施一批产业基础再造项目，全面强化关键产品技术保障，提升产业基础能力。天津深入落实“链长制”，建立链主企业库，培育一批产业链生态带动作用明显、核心竞争力较强的链主企业。构建链长服务链主企业长效工作机制，链长牵头顶格解决问题，链主挖掘市场需求，提高本地配套率，形成“链式效应”。同时，加快培育先进制造业集群，大力培育新型集群发展促进组织，建立梯度培育体系，支撑制造业高质量发展。抓好车规级芯片等 3 个中小企业特色产业集群建设，做大做强主导产业，依托信创、新能源、生物医药、高端装备等重点产业链，2023 年培育 2 个市级先进制造业集群，完善京津冀生命健康国家级先进制造业集群三地联动机制，共绘产业图谱，协同推进产业壮大。高水平建设产业发展聚集区，推进产业集聚发展，扎实做好国家制造业高质量发展试验区申创工作，提高12家国家新型工业化产业示范基地发展水平，实现星级提档晋级。2023年，天津市将再新认定10个市级园区，引导重点产业向重点园区聚集，重点园区向特色产业聚焦。以华为天津鲲鹏生态创新中心、联想（天津）智慧创新服务产业园为代表的多个企业创新项目加速形成，现代中药创新中心获批建设国家制造业创新中心，中科曙光成为国家先进计算产业创新中心，大型地震工程模拟研究设施、国家合成生物技术创新中心、国家新一代人工智能创新发展试验区等重大创新平台都在让“进”的力量不断释放，“新”的空间更为拓展。

“天津技术”不断占领自主创新的新高地。从抵羊的“中国心”到麒麟的“中国芯”，二氧化碳人工合成淀粉、银河麒麟操作系统V10、酵母长染色体精准定制合成、高效手性螺环催化剂、配网带电作业机器人等一批原创标志性成果正是天津实干兴邦、创新强市的代表。“天津技术”正在更多更快地走出实验室、走向市场，越来越多地打破国外技术垄断，解决“卡脖子”问题。天津平均每四天产生一个发明专利，每两周与一个企业签署产业合作协议，专利运营率达到32%，每件专利许可费平均超过800万元，22项科技成果获得国家科学技术奖，9000余家国家高新技术企业和国家科技型中小企业，9家独角兽企业，130家企业入选国家专精特新“小巨人”。2021年世界知识产权组织(WIPO)发布“世界区域创新集群百强榜”天津位列第56位，“自然指数－科研城市”排行榜天津位列第24位。2022年，全社会研发投入强度达到3.66%、位居全国第三，新一代超算、飞腾CPU、银河麒麟操作系统、天津大学大型地震工程模拟研究设施等“国之重器”加快建设，南开大学周其林团队获国家自然科学奖一等奖，6家海河实验室投入运行，国家高新技术企业和科技型中小企业均突破1万家。2023年，天津将持续完善制造业领航企业、单项冠军、专精特新、创新型中小企业等优质市场主体梯度培育体系，发展服务型制造，强化大中小企业融通发展，提升市场主体核心竞争力。以打造国家自主创新示范区升级版为引领，完善创新主体梯度培育体系，大力引育国家高新技术企业，培育领军企业，国家高新技术企业超过 1.1 万家，雏鹰、瞪羚、领军（培育）企业分别超过 5800 家、460 家、310 家。力争新增国家级单项冠军 10 家，市级单项冠军 20 家以上。力争新增国家级专精特新“小巨人”60 家以上，市级专精特新中小企业 500 家，创新型中小企业 3000 家。乘势而上、连点成线，有大布局、大视野，发展才能不断出“新”。天津坚决“依靠自己的骨头长肉”，瞄准“创新”方向，抓住“提升核心竞争力”这个关键，激扬敢为人先的创新锐气，激发敢教日月换新天的血性拼劲，不断朝着创新发展勇毅笃行。

四、优化发展格局，一盘“河”与“海”的辉映棋局

天津因水而生、因水而兴。运河载来繁荣之城，海港联通世界各国。“河”与“海”的故事，在新时代迎来新的篇章。2020 年中共天津市委十一届九次全会提出“十四五”时期天津经济社会发展的“津城”“滨城”双城发展格局，并将其列入天津未来经济社会发展主要目标。天津城市发展结构为之一变，构建“津”“滨”辉映的新发展格局，有力推动全市高质量发展。

（一）消费牵引畅通经济循环

习近平总书记指出，面向未来，我们要逐步形成以国内大循环为主体、国内国际双循环相互促进的新发展格局。在新发展格局中，消费扮演重要角色。《中华人民共和国国民经济和社会发展第十四个五年规划和 2035 年远景目标纲要》明确要求：“全面促进消费，培育建设国际消费中心城市。”商务部《“十四五”商务发展规划》进一步提出，培育若干具有国际竞争力、影响力的综合性国际消费中心城市，带动形成一批辐射周边国家和地区的特色化区域性国际消费中心城市。

培育建设国际消费中心城市，加快消费转型升级，是推动经济高质量发展

和新一轮高水平对外开放的重要举措，有利于增强消费对经济发展的基础性作用，更好满足人民日益增长的美好生活需要。中国已进入消费需求持续增长、消费结构加快升级、消费拉动经济作用明显增强的重要阶段，谁能首先抓住消费升级的契机，谁就能在下一轮经济发展中先人一步。2021 年 7 月，经国务院批准，天津成为全国首批五个国际消费中心城市之一。2021 年，《天津市培育建设国际消费中心城市实施方案（2021—2025 年）》出台，为构建国际消费中心城市制定了“路线图”。

津城、滨城空间结构规划图

天津牢牢把握“国际”是方向、“消费”是核心、“中心”是关键的总要求，瞄准国际消费中心城市的目标，精准发力、加速前进，积极融入以国内大循环为主体、国内国际双循环相互促进的新发展格局，激发市场活力，释放消费潜力，大力提高城市全球影响力、竞争力、美誉度。

提档升级，“买”与“卖”中更新城市。天津在服务和融入新发展格局的过程中，大力发展消费新模式、新业态，构建“1+N”政策支撑体系，细化114项具体任务，分解到37个部门和16个区，形成纵向联动、横向协同的培育建设合力。依托海河国际消费季，打响品牌，推动线上线下消费深度融合。鼓励传统零售企业数字化转型升级改造，积极拓展更加丰富的消费内容、更加高端的消费品牌和更加多样的消费方式，丰富消费供给，引领消费升级。“建博会”“汽车展”“糖酒会”等大型展会接连举办，会展经济带动效应持续显现。作为北方国际航运枢纽，天津充分发挥港口优势、便利化的商贸渠道和优越的消费环境，推动智慧物流建设，支持数字化仓库、仓配一体化等物流新业态发展，引导传统物流企业加速数字化智能化网络化改造，打造国际化营商环境，挖掘高度繁荣的消费市场潜力，塑造更具有全球消费资源配置和引领全球消费发展创新的实力。

在“尽精微”中“致广大”，秀出天津的品牌品质。天津用足用好天津独特的文化底蕴和商业积淀，坚持发展与融合并重，开放与引导同行，力求在更大范围内形成需求牵引供给、供给创造需求的高水平动态平衡。通过升级改造“劝业场”等天津标志性商贸地标、消费聚集地，建设海河国际商业中心，着力把金街、五大道建设成为彰显国际影响力的天津地标商圈。通过多元化娱乐、时尚餐饮、健身、第三生活空间、文化艺术展览、人气IP主题互动等新兴元素，赋予消费、商贸社交新属性，不仅让年轻人逛店有了新体验，同时也把更多中老年顾客请回了商场。围绕河、海、山、洋楼、乡村五大主题，天津多点发力，借文旅融合之势，信息技术之能，不断探寻新型消费增长点，接连亮出“滨城”

亲海消费、文化中心文化消费、佛罗伦萨小镇名品消费等系列独具特色的“天津消费名片”。

2023 年 7 月，天津市政府印发的《天津市加快建设国际消费中心城市行动方案（2023—2027 年）》，提出天津国际消费中心城市建设阶段性发展目标：“到 2027 年，全市社会消费品零售总额较 2022 年翻一番，国内外旅游人数达到 3.2 亿人次，国内国际旅游花费超过 5000 亿元，建成高知名度和美誉度的国际消费向往地、全球消费资源聚集地、全国知名旅游目的地，成为展示国内大市场风范的靓丽名片。”为达成这一发展目标，未来天津着力实施六项重点任务：一是聚焦特色资源，彰显城市魅力，打造国际知名消费目的地；二是优化空间布局，拓展消费层级，打造国际知名地标商圈；三是丰富产品供给，提升消费能级，打造国际化消费品牌；四是聚焦多元融合，引领消费理念，打造国际化消费场景；五是提升城市形象，扩大国际影响，打造国际化会展赛事；六是完善基础配套，供给优质服务，打造国际化消费环境。

（二）壮大高质量发展增长极

党的十八大以来，习近平总书记先后四次考察天津，两次深入滨海新区，为滨海新区新时代高质量发展指明了前进方向、注入了强大动能。习近平总书记 2013 年在天津考察时强调，要以滨海新区为龙头，积极调整优化产业结构，加快转变经济发展方式，推动产业集成集约集群发展。要充分利用滨海新区平台，先行先试重大改革措施，努力为全国改革发展积累经验。

滨海新区拥有全国综合配套改革试验区、国家自主创新示范区、北方首个自由贸易试验区、服务京津冀协同发展和共建“一带一路”的战略支点等多块金字招牌。在天津市委、市政府高质量“十项行动”中，“滨海新区高质量发展支撑引领行动”是其中之一。

美丽滨城

“于响”片区是天津经济技术开发区于家堡金融区和响螺湾商务区的简称，面积约 6.1 平方千米。片区跨海河下游两岸，河海相拥，自然环境和人文环境得天独厚；高楼林立，城市界面清新大气，风格各异的现代化建筑展现出市政规划的独具匠心；交通便利，四通八达，拥有直达北京及天津中心城区的城际高铁滨海站；高端产业集聚，吸引大批企业落户，发展动能充沛，充满蓬勃朝气。“于响”片区被誉为“滨城”之核、之芯、之心。天津发布《滨海新区国土空间总体规划（2021—2035 年）》，将中心商务区定位为滨城唯一的“中央活力区”。中心商务区的主战场，即于家堡和响螺湾，官方给出了昵称——“于响”片区。

近年来，随着天津市委提出“津城”“滨城”双城发展战略，滨海新区开启了全新发展篇章，作为“滨城”之核的“于响”片区更是发生了翻天覆地的变化。其中，最突出的就是新兴产业发展势如破竹。截至 2023 年 2 月，共有 2.7 万家企业在此注册，抖音、狮桥、美图、零氪科技等众多新经济领域行业知名企业加速聚集，凸显业态之新；全国一半以上央企保理公司在这里扎根，呈现金融之活；华电集团、北燃集团等实力央企在此设立功能总部或区域总部，凸显产业之强。作为国家首批产融合作试点城区，天津经开区“包揽”了天津市大半的创新型金融产业，而大部分金融创新就发生在“于响”片区。中企云链是一家混合所有制企业，致力于打造产业“互联网 +”供应链金融服务平台，解决中小企业融资难、融资贵等问题。自 2016 年落户“于响”片区以来，企业业务量实现了高速增长。

接轨国际、开放包容也是“于响”片区的独特之处。作为天津自贸区三大片区之一，中心商务片区探索实施政策创新 200 余项，在全国复制推广经验案例 115 个，设立泰达金融法庭，为各类市场主体提供有力法治保障，成为外资发展新高地。近年来，“于响”片区实际利用外资年均保持 17% 的增长速度。此外，随着文化教育加速配套，交通体系不断完善，环境更加优美宜居，加之政策创新和营商环境升级，“于响”片区迸发出强劲的吸引力。

2023 年，滨海新区出台《关于支持滨城核心区于家堡－响螺湾片区高质量发展的若干意见》，将从产业发展、基础设施配套、社会事业配套、人口人才导入等方面发力，打造新时代美丽“滨城”核心区升级版。力争到 2025 年，“于响”片区年均 GDP 增速不低于 20%，就业人口达到 10 万人以上，成为“滨城”核心区高质量发展的重要引擎。

根据《“于响”片区高质量发展规划方案》，该片区将围绕打造滨城城市客厅、现代金融中心、新经济总部基地三大全新定位，大力发展会议会展、消费经济，激活文旅资源，健全设施配套，打造北方基金资管行业聚集区和“中国商业保理之都”，全力提高新经济总部经济聚集度，积极打造航运服务聚集区。一是要抢抓“于响”片区高质量发展战略机遇，加快把“于响”片区打造为宜居宜业宜游宜乐“四宜”之城的新示范、京津冀世界级城市群中的新“明珠”。二是要举全区之力建设“于响”片区，加快聚人气、聚财气、聚商气，充分发挥“于响”片区“滨城”城市客厅、现代金融中心和新经济总部基地的战略功能，推动“于响”片区迭代升级、突破发展。三是要聚焦落实中央“五大政策”及配套政策，深入开展高质量发展示范引领行动，调动“千企万人”共同缔造的强大合力，促进更多资金汇聚“于响”、优质项目落地“于响”、先行政策应用“于响”，真正让“于响”片区“于无声处响惊雷”，响彻津沽大地、响彻京津冀、响彻全国、响彻全球。

未来，滨海新区高质量发展的“路线图”十分清晰。到 2027 年，滨海新区京津冀协同发展战略合作功能区能级显著提升，自贸试验区改革开放“试验田”作用充分彰显，自主创新能力居于全国前列，营商环境走在全国前列，基本建成生态、智慧、港产城融合的宜居宜业宜游宜乐美丽“滨城”；在推动全市高质量发展，加快构建双城互动、新区带动、各区联动区域发展格局中的支撑引领作用更加凸显，在全国发展大局中的战略地位更加突出，成为带动区域发展新的经济增长极。届时，滨海新区地区生产总值达到 9000 亿元以上，全社会研发投入强度达到 3.8%，万元 GDP 能耗、地耗分别比 2020 年下降 20% 以上，常住人口达到 275 万人。

（三）打造世界级港口城市

2019 年 1 月 17 日，习近平总书记视察天津港时强调：“经济要发展，国家要强大，交通尤其是海运要首先强起来。要志在万里，努力打造世界一流的智慧港口、绿色港口，更好服务京津冀协同发展和共建‘一带一路’。”

从世界港口城市发展进程来看，港口是沿海城市及所在国家重要的战略资源。港口作为交通枢纽，是重要的物流节点。大量的货物聚集在港口，形成了集疏运体系和产业聚集区。港口的生产经营活动产生了堆场、仓储、海运、集疏运临港产业以及船舶修理、贸易交割、矿石、石化、电力等依存产业，也包括代理、保险、金融、保理等衍生现代服务产业。港口直接产业与关联产业构成的良好城市基础设施条件产生空间集聚引力，吸引与港口无直接关系的产业在港口城市集聚。临港工业的发展产生协作引力，也不断吸引前、后向关联产业在港口城市集聚，港口城市的产业体系渐趋完善，构成多元经济发展格局，港口周边的城市功能体系逐步形成。有关资料显示，世界经济总量的60%集中在沿海200千米以内的区域，世界最发达的城市往往是沿海城市。当今全球35个国际化城市中，有31个是因为有港口而发展起来的，这35个城市中排名前10位的几乎都是港口城市。

天津港作为京津冀地区的海上门户、雄安新区主要出海口，是“一带一路”海陆交汇点、新亚欧大陆桥经济走廊的重要节点和服务全面对外开放的国际枢纽港，连续多年跻身世界港口前十强，是天津市的战略资源和“硬核”优势。作为天津市委、市政府高质量发展“十项行动”的主要内容，“港产城融合发展行动”为天津更好发挥港口资源优势，推动港产城互动发展深度融合指明了发展方向，实现城以港兴，港为城用。随着天津市经济由高速增长转向高质量发展，需要从融合发展角度，认识和把握新形势下的港产城协同发展的重要性。

城以港兴，港为城用。港口是城市的重要资源，是城市先进制造业、现代服务业发展的重要条件，始终充当城市建设中的“龙头”角色，直接服务于城市经济。天津市依托港口优势，大力发展港口服务、临港产业、综合物流等，形成以港口为核心的现代港口物流体系，支持天津市经济繁荣持续发展。因此“以港聚产、以产兴城、以城育港、港产城融合发展”是天津市实现繁荣发展的基本规律和趋势。

港口方面，天津始终牢记习近平总书记的嘱托，努力争创世界一流智慧绿色港口。天津港北疆C段目前已经建成全球首个“智慧零碳”码头，实现了多个全球首创：全球首个自主研发、真正基于 AI 的“智能水平运输管理系统”；全球首个实现车路协同超 L4 级无人驾驶在港口规模化商用落地；全球首个实现真正意义上“5G+ 北斗”融合创新的全天候、全工况、全场景泛在智能；全球首个实现绿电自发自用、自给自足，码头运营全过程零碳排放。

全球首个“智慧零碳”码头——天津港北疆港区 C 段智能化集装箱码头投产运营

2022 年天津港货物吞吐量 5.49 亿吨，位居世界第 9 位、全国第 8 位。集装箱吞吐量 2102 万标箱，居世界第 8 位、全国第 6 位。海铁联运量 120.34 万标箱，居全国第 3 位。港口码头方面，已建成泊位 212 个，码头岸线总长 45.85 千米，年综合通过能力 5.01 亿吨。产业是城市发展的核心，通过产业发展，带动要素聚集，将为城市发展升级提供强力支撑。

在推动港产城融合发展方面，以东疆综合保税区为例，所在的东疆港区面积 30 平方千米，是中国北方首个自贸区——中国（天津）自由贸易试验区的核心片区，是国务院批复的北方国际航运中心核心功能区、国家租赁创新示范区、国家进口贸易促进创新示范区。10 平方千米保税港区与 20 平方千米配套服务区联动，布局码头作业区、物流加工仓储区、保税港区、港口配套服务区，实现港产城一体化发展。东疆保税港区以融资租赁为代表的港航金融业发展势头强劲，飞机、船舶和海工平台等跨境租赁业务总量在全国占比达到 80% 以上。东疆已经仅次于爱尔兰，成为全球第二大飞机租赁聚集地。港口经贸方面，天津口岸平行进口汽车占全国总量的七成以上，进口肉类数量占全国总量的 1/4，连续多年位居全国前列。

未来，天津将加快建设世界一流的智慧港口、绿色港口、枢纽港口，加快拓展陆海双向联通大通道，加快推进适港产业体制升级，加快提升港产城融合发展能级。着力打造智慧港口、绿色港口、枢纽港口升级版，以一流的集疏运体系、一流的港航服务、一流的管理效能、一流的开放环境，推动港口发展、适港产业升级、宜居宜业城市建设深度融合整体发展，更好服务京津冀协同发展和共建“一带一路”，在全面推进中国式现代化新征程上作出天津贡献。

天津
2000
世纪钟

TIANJIN CEP

第四章

励精图治：政通人和的治理新篇

党的二十大报告明确提出，“建设更高水平的平安中国，以新安全格局保障新发展格局”。安全是发展的前提，发展是安全的保障。天津作为北方重要的超大城市，在城市化进程中要处理好发展和安全的关系，既要保障安全，又要回应发展。天津市第十二次党代会提出了“四高”的发展目标：建设高质量发展的大都市、高水平改革开放的大都市、高效能治理的大都市、高品质生活的大都市。因此，建设平安天津是实现“高效能治理”的大都市建设目标，是实现中国式现代化的应有之义，也是书写“中国式现代化的天津故事”的重要组成部分。新时代新征程，我们要加快智慧城市建设，适度推进城市更新，加强党建引领基层治理，集中治理城市“飞地”，不断提升城市治理能力和治理水平。

一、加快智慧城市建设，推进社会治理现代化

（一）智慧城市创新发展的“天津样板”

2014年2月，中央网络安全和信息化领导小组成立，中共中央总书记、国家主席、中央军委主席习近平亲自担任组长。在领导小组第一次会议上，习近平总书记强调，网络安全和信息化是事关国家安全和国家发展、事关广大人民群众工作生活的重大战略问题，要从国际国内大势出发，总体布局，统筹各方，创新发展，努力把我国建设成为网络强国。

天津市坚持以习近平新时代中国特色社会主义思想特别是习近平总书记关于网络强国的重要思想为指导，驰而不息推动学习贯彻落实党的决策部署行动化、具体化、实践化，聚焦全面建设高质量发展、高水平改革开放、高效能治理、高品质生活的社会主义现代化大都市的目标，从“城市是生命体、有机体”的全局出发，以“让城市更聪明一些、更智慧一些”为总线，持续推进大数据、人工智能、云计算、数字孪生、5G、物联网和区块链等新一代数字技术应用和集成创新，加强城市运行、社会治理、政府监管等领域大数据归集共享，打造直达民生、惠企、社会治理的应用场景，构建“数字天津”建设新格局，形成新型智慧城市创新发展的“天津样板”。

1. 天津“城市大脑”建设的主要做法

第一，加强党的领导，加快数字赋能城市治理。市委网信办、市大数据管理中心以构建更加高效便捷的数字公共服务体系和更加普惠可及的数字生活服务为宗旨，以场景牵引和数字赋能为主线，统筹谋划、协同推进，积极推进天津“城市大脑”建设，夯实城市数字底座，推动城市数据资源汇聚融合和运行态势感知，加快驱动业务流程优化、重塑和再造，赋能城市治理手段、治理模式和治理理念创新。

第二，立足规划引领，强化统筹管理。2021 年 8 月，印发《天津市加快数字化发展三年行动方案（2021—2023 年）》，截至 2023 年，天津将“城市大脑”打造成为城市数字化发展新底座，建成“津产发”“津心办”“津治通”数字化综合应用平台，分批落地 69 个民生热点领域、数字治理典型应用场景，基本建成智治协同、运转高效的整体数字政府，让城市成为能感知、会思考、可进化、有温度的“智能体”，提高人民群众的获得感、幸福感、安全感。

按照《天津市加快数字化发展三年行动方案（2021—2023 年）》，充分利用天津市数字化发展“统分”工作机制，立足推进数字经济、数字社会、数字治理、数字化政务服务各项任务落实，形成“组长 + 办公室 + 专班”的工作架构，推进负责领域任务落实，组织研究解决工作推进过程中的资金、资源等重难点问题，开展工作调度。

第三，筑牢数字底座，打造智能中枢通用平台。建设“城市大脑”中枢系统，打造一个稳定的跨部门、跨业务、跨系统的协同平台，为应用场景提供信息化支撑。从场景架构上看，为应用场景提供支撑的是系统，系统之上是应用，系统之下是数据流通，支撑数据流转的是电子政务外网和政务云，天津“城市大脑”在其中发挥中枢作用，通过中枢系统满足“城市大脑”应用场景跨部门、跨业务、跨平台协同的核心需求，保障业务信息即时在线、数据实时流动，支撑多样化的服务应用场景，实现“部门通”“系统通”“数据通”。一是互通。各平台、系统通过接入“城市大脑”中枢，在“城市大脑”中实现业务和数据的交互融合，从技术底层消除信息孤岛。二是在线。通过“城市大脑”中枢，各个业务部门可根据不同的业务需求实现数据的即时获取以及基于数据的分析结果和行动策略的即时执行。三是智能。通过“城市大脑”中枢，依据数据分析和模型算法解决城市治理中的动态复杂问题，提升政府治理能力和惠民服务能力，使“城市大脑”成为支撑未来城市发展数字化的核心基础设施。今后，随着“城市大脑”接入的场景和沉淀的数据越来越丰富，为各部门、各区信息化系统赋能价值体现得更为突出，从而为本市治理体系和治理能力现代化提供更加强有力的数字化支撑。

第四，强化场景牵引，构建惠民惠企协同应用场景。天津“城市大脑”主要由中枢、系统平台、数字触达端和应用场景等要素组成，运用大数据、云计算、区块链、人工智能等新技术，实现城市治理体系和治理能力现代化的数字系统和现代城市基础设施。天津“城市大脑”通过全面汇总整合全市各级各部门的基础性信息资源，推动系统互通、数据互通，促进数据协同、业务协同、政企协同，打造直达民生、惠企、社会治理的丰富场景应用，不断完善城市治理现代化数字系统解决方案。以高频需求场景为牵引，从“城市运行”“社会治理”“便民服务”“政府监管”等领域，打造具有牵引性、普惠性、感知性的示范场景。天津“城市大脑”首批应用场景已落地实施，通过大数据应用与信息化协同手段不断推进社会治理水平与治理能力的现代化；让百姓切实体会到信息化新技术带来的美好生活。通过统一的数据赋能和技术赋能，为天津市在民生服务提升、营商环境优化、基层全面减负、城市治理精细化等场景中快速进行流程再造和业务创新，提供全面有力的技术支撑和保障。

2. 天津“城市大脑”的典型应用场景

天津“城市大脑”以应用场景建设为牵引，其发挥的服务效能也是通过应用场景来体现。目前，天津“城市大脑”接入了银发智能服务、慧治网约车、惠民惠农政策直达、慧眼识津、智慧矛调等多元化应用场景，这些场景涵盖了社会治理、民生服务、疫情防控等重点工作领域，推动城市治理和公共服务数字化，让服务愈发充满智慧，使百姓生活更加幸福。

“银发智能服务”场景。该场景聚焦老年群体的高频事项和服务场景，采用“1+3+4”的服务模式，即 1 个市级服务平台，水、电、燃气 3 项数据，配备红外探测器、SOS 一键报警设备、智能血压仪、智能手环 4 类智能感知设备。平台运用人工智能、物联网等科技手段实现云网技术赋能，使关爱老人“智能暖心”、应急救助“一键呼叫”、基层服务“一键到达”，有效解决老年人在生活中遇到的急事、难事，着力提升互联网数字时代老年人的科技获得感、生活幸福感。平台积极发挥作用，助力社区关爱有需求家庭解决“急难愁盼”问题，通过老年人起居数据“全汇聚”、安全监护“全流程”、健康管理“全方位”、贴心服务“全智能”、情感陪护“全天候”的方式，在以智慧手段服务线下安全监护、健康管理、为老服务等方面取得实实在在的效果。

“惠民惠农政策直达”场景。该场景由财政、人社、民政、农业农村、住建、规划、金融机构等多部门共同建设，将原有的多项补贴、多个渠道、多种介质的发放模式规范整合为“一卡统发”，将社保卡“一卡通”打造成为老百姓的民生卡、实惠卡、幸福卡。该场景依托惠民惠农“一卡通”服务平台，通过对接天津“城市大脑”中枢，畅通补贴业务系统与“一卡通”服务平台对接渠道，汇聚困难人员、生活补贴申请等数据，改变数据线下传输现状，实现数据采集、公示申报、数据审核、补贴支付全流程线上办理，建立起科学规范、安全高效、公开透明、监管到位的惠民惠农财政补贴信息化管理体系。

3. 天津“城市大脑”建设的基本经验

第一，通过构筑统一底座夯实基础支撑和创新能力。通过搭建“轻量化、集中化、共享化”的城市智能中枢，联通存量信息系统，汇聚政务服务、城市治理、惠企惠民等多源异构数据，打通委办局业务数据与社会企业数据资源，实现数据互通和流程再造。通过“城市大脑”中枢系统建设，推动数据供给侧能力统筹建设和输出；在应用大协同场景下，逐步沉淀公共服务能力，实现数据驱动的跨域应用敏捷快速构建。

第二，通过规范统一标准强化平台可复制可推广。编制《天津“城市大脑”中枢接入规范》，建立标准化的接入机制；着力推进天津大数据标准体系建设，加快数据要素流通，提高数据要素利用效率，推动天津市数据资源高质量共享开放，鼓励社会各界对公共信息资源进行开发利用，深入挖掘数据价值。

第三，通过系统丰富与聚合推动数据融通。加强政务信息化项目顶层设计，结合信息化项目建设同步规划数据共享、业务协同和触达渠道。在制定项目技术方案阶段，统筹考虑接入“城市大脑”中枢系统，依托天津“城市大脑”实现各业务部门间的协同。立足天津“城市大脑”建设，聚焦城市有机生命体征，夯实数据资源底座，构建城市数据资源体系，助力城市治理数字化转型。

第四，通过持续推动场景建设赋能数字化社会生活。通过打造一批具有牵引性、普惠性、感知性的示范场景，实现跨区域、跨部门、跨行业的数据汇聚、碰撞、计算，推动政务服务网和城市治理网不断融合，探索出“管理穿针、数据引线、基层落地”的天津特色数字化城市治理方案。

（二）央地协同，部门联动

为深入贯彻落实习近平总书记关于网络强国的重要思想、关于数字中国建设的重要论述，贯彻党中央、国务院关于创新监管理念和监管方式以及推动“互联网＋监管”改革的决策部署，按照《国务院关于加强数字政府建设的指导意见》中关于“大力推行智慧监管”的总体要求，探索国家、天津市“互联网＋监管”系统与重点领域监管业务系统对接的应用场景，形成可复制、可推广的经验，天津市委网信办、市大数据管理中心大力推进“互联网＋监管”工作，通过不断完善系统功能，加强全市监管数据汇聚，推动执法工作实现监管事项全覆盖、监管过程全记录、监管数据可共享。

目前，天津市“互联网＋监管”体系已初步形成，有力支撑全市数字政府建设，同时立足天津地方特点和监管业务的需求，积极依托“互联网＋监管”系统探索规范监管、精准监管、智能监管新模式，为构筑数字时代竞争新优势提供基础支撑。自 2021 年下半年起，与国家共同开展全国唯一的“互联网＋监管”系统多级联动应用试点建设，充分利用国家平台汇聚的海量多源数据，结合天津市在执法监管工作中发现的实际难点堵点，以场景牵引应用、以数据赋能实战，央地联动、服务基层，探索出一条基于数字化协同监管的新路径。

1.“互联网＋监管”的主要做法

第一，充分依托“党管数据、党统监管”的模式和方法，由市委、市政府牵头，市网信办、市政府办公厅组织市市场监管委、市发展改革委、市公安局、市司法局、市应急管理局、市交通运输委、市政务服务办、市大数据管理中心、滨海新区等相关部门，会同国务院办公厅电子政务办共同组建试点工作组，统筹推进试点建设工作。在政策发布方面，天津市以政府数字化发展转型为契机，以市政府名义印发《天津市加快数字化发展三年行动方案（2021—2023 年）》，明确“以高标准开展国家‘互联网＋监管’系统多级联动应用试点建设工作”，将平台建设纳入数字政府建设框架；为进一步推进试点建设，向全市印发《天津市开展“互联网＋监管”系统多级联动应用试点工作实施方案》，明确试点各项建设任务负责部门，全力保障高质量完成试点各项任务。

第二，坚持数据汇聚共享，夯实数字化监管执法基础。一是完善天津市“互联网＋监管”系统基础库，持续推进监管事项目录清单库、监管对象基础信息库、执法人员信息库、监管行为信息库、投诉举报库、信用信息库、监管舆情及第三方平台信息库、知识库八大基础库数据汇聚；二是根据业务场景汇聚及治理主题库数据，天津市“互联网＋监管”大数据平台充分汇聚政府、企业及社会三方面数据，汇聚及治理了安全生产、交通运输、食品与药品监管等重点监管领域的政务数据，联通国网天津电力等企业相关数据，充分利用具有基础性特征的国有企业数据和具有公共性特征的平台型私企数据，实现数据的全面归集。

第三，坚持系统建设为要，构建“11227”全流程监管体系。结合天津市监管业务工作实际，以城市大脑基础计算平台为基础支撑，构建天津市“互联网＋监管”系统“11227”全流程监管体系。编制 1 张覆盖市、区两级的监管事项目录清单，建立 1 个监管大数据中心，2 个系统界面，2 个支撑体系，监管事项目录、监管投诉举报处理、综合监管、监管效能监督评价、风险预警、监管数据综合管理、监管移动端 App7 个应用系统。7 个应用系统具体内容如下：一是监管事项目录系统，实现天津市本地监管事项规范化管理、标准化应用；二是监管投诉举报处理系统，接受国家“互联网＋监管”系统转来的投诉举报信息，并与本地投诉举报处理系统实现业务联动，对监管投诉举报信息进行受理、转办、督办、反馈等全流程管理；三是综合监管系统，为本地专项协同监管任务（专项任务、联合执法、协同任务）提供数据支撑，接受国家“互联网＋监管”系统分发的跨省联合监管任务，并全周期记录系统监管过程，实现任务执行全过程“看得见”“可追溯”；四是监管效能监督评价系统，依托大数据中心，汇聚监管业务、投诉举报、社会舆情、群众信访、重大事故、群众评价等监管数据资源，构建可计量、可检索、可追溯、可问责的综合评价指标体系；五是风险预警系统，利用数据分析比对、关联计算、机器学习等多种技术手段，加强风险研判和预测预警，及早发现防范全市范围内的苗头性风险，为开展重点监管、联合监管、精准监管及辅助领导决策提供支撑；六是监管数据综合管理系统，实现对全市监管对象、执法人员、监管知识库等基础信息进行统一管理，实现对监管对象全生命周期监管检查数据的汇聚应用；七是监管移动端 App，打造以监管对象查询、双随机抽查任务、风险核查任务、跨省联合任务、本市协同任务、投诉举报任务、移动执法任务反馈、数据信息采集等为核心功能的全流程监管移动端。

2.“互联网 + 监管”的系统建设主要成果

第一，建设法律法规管理系统。天津市“互联网 + 监管”系统政策法规管理系统根据法律法规和规章的位阶、立法机关、地域效力、发布情况，以及法律法规、规章条款的“章节条款项目”等特性，按照区划、版本号制定法律法规、执法依据、执法事项的编码规则，已编码化相关法律法规超过 2300 部。为实现系统自动赋予法律法规唯一编码化标识及动态更新管理，建设完成法律法规管理系统，实现以法律法规作为核心数据，系统自动化串联权责清单、监管清单、执法清单的统一和衔接，为实现监管事项标准化工作提供重要支撑。

第二，建设信用分级分类子系统。在大力推进本市行业信用分级分类监管子系统的基础上，天津市“互联网 + 监管”系统建设完成信用分级分类监管子系统，通过对国家推送的公共信用信息和本市行业信用分级分类评价信息的全面归集建立信用信息库，推进企业信用风险管理、信用约束、信用风险预测、信用信息共享，依托天津市“互联网 + 监管”系统信用分级分类子系统开展信用分级分类监管工作，在公路建设、水运工程建设等 8 个行业探索施行守信激励、失信惩戒措施约 60 项。

第三，建设重点领域风险预警模型。结合天津市实际业务需求，依托“互

联网 + 监管”系统的枢纽作用，通过汇聚市场监管、公安、税务及互联网等数据，以场景牵引及大数据赋能实战在交通新业态、安全生产等领域开展示范应用，建设完成网约车监管、客运车辆监管、高危建筑工程企业等涉及 13 个领域 30 余个风险预警模型，推动“全民监管”“全时监管”“全域监管”的应用体系，通过天津市“互联网 + 监管”系统、监管移动 App 等多种终端实现线上和线下融合、标准化和个性化共进的应用实战目标。

3.“互联网 + 监管”的典型应用场景

第一，打造“慧治网约车”典型应用场景。依托国家“互联网 + 监管”系统中的“交通运输新业态模型”发出的风险预警信息，针对传统交通运输存在“发现难、检查难、取证难、整改难”等执法痛点，市公安局、市交通运输委、市交通运输综合行政执法总队建设完成“网约车监管模型”，提高了非法营运网约车监管的针对性、精准性和有效性。模型通过“城市大脑”中枢平台，充分汇聚企业登记信息、行政审批、互联网等多方相关业务数据，包括车辆信息、驾驶员信息、网约车营运证信息、网约车订单数据、GPS 数据，从风险来源角度出发，通过风险量化评估体系构建风险模型，采用机器学习等算法进行多维分析，得出网约车实时聚集热力图、非法网约车惯常驻停点与时间热力图、非法网约车途经重点区域等。结合共享信息和移动“津监管”App 查询车辆运营全部信息，包括订单编号、载客时间、驾驶里程、订单金额、订单完成时间等，创新监管理念和手段，精准打击非法运营网约车，有效支撑基层执法工作，提高监管的整体效能。通过对网约车行业的慧治举措，天津市“互联网 + 监管”交通新业态领域“非法网约车”风险预警模型助力全市网约车合规率不断提升。截至 2023 年初，天津市网约车合规率达到 80% 以上。

第二，打造“智慧克危”典型应用场景。模型充分发挥天津市“互联网 + 监管”系统枢纽作用，进一步提升重点领域央地协同联动监管水平，围绕“危化品车辆信息不共享，监管效率低”等问题，搭建“危化品运输”风险预警模型。在国务院办公厅电子政务办的大力协助下，汇聚交通运输部非津牌车辆运政信息，结合市公安局电警卡口数据、进出津危化品陌生车辆信息，市交通运输委津牌危货运输车辆道路运输证、从业人员从业资格证信息、运政车辆信息、市应急管理局重点危化品生产企业信息，完成模型搭建，识别需重点监管、执法的车辆黑白名单及轨迹信息。通过打通跨区域、跨部门的多项数据链路，利用国家层面的数据支撑，完成跨省市重点车辆分析，实现了京津冀地区协同联动合力监管。

二、加快城市更新，实现城市高质量发展

（一）加快城市核心区的城市更新，补齐基础设施和公共服务短板

2021年后，天津市大力推动城市核心区的城市更新，以优质城市更新项目谋划、实施为抓手，挖掘存量资源，补齐基础设施和公共服务短板。截至2023年6月，全市审定城市更新项目达到16个，总投资1568亿元。

1. 盘活和平区商业楼宇，推动历史街区展现新价值

为加速推进天津市“十项行动”，培育建设国际消费中心城市，推动小洋楼资源与商旅文深度融合，有效盘活先农大院的14幢小洋楼，全部进行保护性修缮，予以活化利用。通过吸引商旅文及产业招商，提升存量载体空间品质和商业功能业态，扩大有效投资，创造经济效益。先农一期打造洋楼生活轻享体验区，二期打造“沉浸式”高品质生活综合体。现已完成房屋体检、策划方案和可研报告编制，待项目通过审批后立即启动实施，建设期为5年。

无拆除建筑，无新建建筑，无征收搬迁，属于保护类城市更新的先农大院项目，采取微更新的“绣花”“织补”方式，以小规模、渐进式的节奏，推进历

史文化街区有机更新。一是坚持保护优先。爱惜城市历史文化遗产，在保护中发展，在发展中保护。按照真实性、完整性、可持续性的要求，保护历史文化街区的机理、街巷、空间尺度和景观环境，延续历史风貌；保护文物本体及其周边环境，继承优秀历史文化遗产。二是活化利用，以用促保。坚持创造性转化、创新性发展、内涵式发展，适应活态遗产特点，将历史文化与城市发展、现代生活相融合，留住城市记忆，焕发名城魅力，展现时代活力。

2. 促进南门外大街商圈升级，筑新楼聚消费人气

地处和平区与南开区交界处，紧邻老城厢，南门外大街商圈是天津最早形成的商业中心，是天津市民休闲娱乐购物最集中的区域之一，也是天津建设国际消费中心城市九大商圈之一，还是全国游客来津必到的区域之一。通过城市更新盘活国有资产、提升商圈活力、补齐民生短板、活化历史文化资源、促进职住平衡，实现南门外大街商圈的升级和焕新。

最亮眼的要数新建约 13 万平方米商业面积的高端购物中心——泰达海信广场。广场地下三层、地上七层，项目定位为集重奢、青年潮奢、社交空间、艺术空间于一体的高端商业综合体，并规划与地铁 7 号线接驳。与南开大悦城、仁恒伊势丹等形成错位联动，推动商圈活力提升和消费升级。同时新建的 5A 甲级写字楼，建筑面积约 4 万平方米。写字楼以互联网大数据、企业服务、商贸零售为主导产业。

在该项目的更新方案中，盘活闲置的老九章绸缎庄也是主要内容之一，以延续原建筑风格及文物本貌为目标，同时兼顾提升建筑本体的结构安全性和消防安全性，利用其区位优势，将首层和二层打造为“城市会客厅”，三层和四层作为项目办公空间。该项目是新商业的人气聚集，也是旧商业的活力重振。现代与传统商业相得益彰，既表达了现代的时尚气质，又融合了古典的中式美学。

3. 加快整合金钟河大街南侧片区，改造“老屋”迈向产城融合

新建的小区大门、海绵城市标准的塑胶场地、优化的停车位和新安装的充电桩……河北区靖江东里，一个楼龄已近40年的老旧社区，因为城市更新，正焕发出新的生机。全市首个大型片区类城市更新项目——金钟河大街南侧片区城市更新项目于2022年初正式落地。该项目跨河北、东丽两个行政区，总占地面积约354公顷，其中完善提升老旧小区总建筑面积约282万平方米，共涉及46个小区，覆盖人口约11万人。作为该项目的样板段工程，靖江东里社区于2022年10月顺利完工。

针对老旧小区存在便民服务设施欠缺、配套基础设施薄弱、公共活动空间匮乏、物业服务水平偏低等“通病”，因地制宜、补齐短板。根据城市更新规划，整个金钟河项目在运营后，结合该区域人口密集、老龄化程度较高等实际情况，将建立“智慧康养”大健康产业体系，同时引入幼儿园、小学、中学等各类型教育资源，建设成为产城融合的示范项目。

（二）加快城市边缘地区更新

天津设计之都核心区柳林街区城市更新项目坐落于河西区东南部，隶属河西区，东至艺林路与津陵路，南至浯水道、渌水道与泗水道，西至清湾路与学苑路，北至台儿庄南路，毗邻陈塘庄科技商务区、新八大里数字经济聚集区，项目总投资182亿元，总占地面积约5.19平方千米。根据天津“津城”城市更新指引，该项目位于宜居生活圈和产城融合圈之间的重点提升区内。作为柳林街区城市更新项目启动区，天津城投集团以推出高品质住宅为先手棋，着力提升区域人居环境，改善居住条件。

1. 规划建设海河柳林设计之都核心区

柳林街区是在1901—1902年海河截弯取直期间，因河而生。20世纪40—70年代，随着造纸厂、造船厂等产业及学校的引入，依河兴产，产研结合。该区域拥有产城融合的发展基因，通过提升改造将该区域从20世纪的“工农学住”老格局，演进为现在的“产学研居”新格局。天津城投集团下属的天津城市更新公司将在配套公共设施建造、基础设施建设、历史文化传承项目营造、产业载体及生活配套设施完善、生态绿色低碳项目打造5个方面对区域环境进行整体提升。

更新内容主要以“海河柳林设计之都核心区”规划布局为引导，补足区域内公共配套设施，完善交通体系，改善人居环境，提升城市公共空间，焕发城市活力，助力城市高质量发展，实现民生改善与区域产业复兴的融合。

在更新范围内，通过打造高校周边产业孵化中心、大沽南路沿线的中小微企业初创中心以及沿海河的企业总部聚集中心，为区域提供完整的产业载体；同时，提供多元化的设计师之家，满足不同职业发展阶段设计人才的生活需求；在活力复兴街区，利用高校沿街闲置资源，完善创业－孵化－园区产业链，打造产业孵化中心，吸引设计和智能科技等未来创新产业创业者的入驻，也能为学生提供实践教育和就业机会；更新区域内的第二工人疗养院将根据建筑破损情况，修旧如旧的同时将这一老建筑通过文化艺术中心运营的方式焕发新生机。

2. 推动旧厂房变身“新地标”

河西区陈塘地区曾是历史上著名的老工业区，纺织、化工、机械、无线电等大中型企业聚集。随着工业重心战略东移，昔日的老工业区换道转型、华丽蝶变，成为面貌一新的陈塘科技商务区，并逐步发展为设计产业为主导、总部企业纷纷落户、各类创新要素完备的产业聚集区。

目前，商务区内已经形成了中交系、水电系和设计产业等产业生态圈，2023年围绕设计之都先行区建设，进一步提升陈塘科技商务区带动能力。加快总部经济聚集，在引进总部型企业工作上实现新突破。做大做强北方设计联盟，成员单位达到350家以上。在原来渤海无线电厂厂区基础上建成陈塘关哪吒数字文创园，打造特色鲜明的“哪吒·设计小镇”。

三、加强党建引领基层治理创新

习近平总书记指出，要把加强基层党的建设、巩固党的执政基础作为贯穿社会治理和基层建设的一条红线。因此，如何探索党建引领基层治理创新，已成为我们重点讨论的话题。

（一）转变工作作风，融洽党群干群关系

“和平夜话”就是天津市和平区委动员全区党员干部利用下班时间，以夜话活动为载体，真心与群众交朋友、为群众办实事，转变了工作作风，融洽了党群、干群关系，增强了人民群众的获得感幸福感安全感，赢得了群众的认可。“和平夜话”活动于 2020 年 7 月 1 日启动，从开展后，和平区各单位不断在解决民盼民需上出实招、干实事、求实效，让党建从“墙上”走入人民群众当中，解决了许多群众关心关注的“小事情”、赢得了“大民心”。

1. 习近平新时代中国特色社会主义思想飞入了寻常百姓家

“和平夜话”活动从 2020 年启动至 2023 年 6 月底，和平区 7200 多名党员干部深入社区 21 万余次，与 13 万余名居民群众交朋友，解决群众难题 9.7 万余件，用灵活的方式、通俗易懂的语言与群众沟通交流，把“讲道理”和“讲故事”

“和平夜话”活动（图片来源：天津市和平区委组织部）

结合起来，把“我来说”与“大家谈”结合起来，将习近平新时代中国特色社会主义思想的宣传阵地扩展到社区、网格、居民家中。同时，“和平夜话”活动还在驻区单位和居民群众间引发了“连锁反应”，170 余名驻区单位党员和社区居民积极参加夜话活动，自发组建起了“草根”宣讲团，充满激情地投入社区宣讲中。他们中有 1938 年参加革命的百岁老人陈德晔，有参加过解放大西北战斗的退役老兵杜志荣，有主动请缨参加湖北抗疫的“支援武汉抗疫天津医疗队编外人员”周家喜教授，还有许多先进英模人物、复退军人、党校教师、党史馆讲解员等。“草根”宣讲员们用群众听得懂、感兴趣、记得住的方式，讲天津事、和平事、本地事、身边事，讲亲眼所见、亲耳所闻、亲身经历，讲得“言之有物”“言之有情”“言之有理”，让新思想新理念如春风化雨，落细、落实、落地，逐步融入社会，融入百姓生活，让习近平新时代中国特色社会主义思想深入和平区的街头巷尾，飞入了寻常百姓家。

和平区党员干部把下社区开展夜话活动融入日常、做在经常、干在平常，坚持推开百姓门、走进群众家，聊聊家长里短、唠唠柴米油盐、听听牢骚抱怨，融入百姓圈子，真正与群众心贴心、心连心，领导率先垂范、干部以身作则，各级党组织书记作为第一责任人，各级党组织高度重视，对活动开展情况做好监督检查。和平区党员干部把深入社区、深入群众，当作自己的一项事业、一种生活、一种习惯。切实让“和平夜话”沉下去的是工作重心、人员力量、资源要素，提上来的是党员干部能力作风、基层治理水平、党群干群关系。

和平区在全区开展“和平夜话”实践活动，实施“六项行动”、用好“五大抓手”、落实“100 个项目”，是落实“十四五”规划，建设“五个高地”，切实让群众分享高质量发展成果、共享高品质幸福生活的现实需要，也是全区党员干部继承发扬党的优良传统，走好新时代党的群众路线，推进习近平新时代中国特色社会主义思想深入百姓家的积极实践。

2. 党员干部工作作风持续转变

“和平夜话”活动中党员干部沉下身、静下心，主动走到群众中，以实事求是、求真务实的态度倾听群众心声、体会群众疾苦、学习群众智慧，不断改进工作作风。有的单位把“坐等群众上门找”，变成“主动深入基层为群众服务”。比如，和平区南营门街通过夜话活动了解到高龄老人洗澡难的问题后，主动入户走访了辖区内所有高龄失能老人，有针对性地拿出切实可行的方案，启动老年人助浴服务，系统性地解决了困扰全街老人已久的助浴问题。有的单位把“群众要我服务”，变成“我为群众服务”。比如，区城管委主动谋划、进位思考，总结梳理自身承担的民生服务，汇编成“和平夜话”便民服务联系卡，列明每项服务的内容和联系方式，发给全区居民，方便居民有问题第一时间找到联系人。还有的单位千方百计调动资源、协调力量，为群众服务不遗余力。比如，区残联通过“和平夜话”活动了解到，残疾儿童中午带饭存在携带不方便、容易变质、经常撒漏的问题，便发动干部和助残志愿者，广泛向社会求助，最终通过爱心企业捐助，以统一配餐形式，为残疾儿童解决了午餐问题。和平区南京路 250 号小区建设年代久远，没有停车条件，劝业场街南京路社区积极协调共建单位巨贝大厦，共享地下停车资源，解决了长久以来困扰居民的停车难题，让居民群众拍手称赞。还有很多单位和党员干部，通过“和平夜话”活动放下了“架子”，转变了作风，为民服务的担当和劲头更足了，获得了老百姓的点赞。

党员干部要把实现好、维护好、发展好最广大人民根本利益作为出发点和落脚点，坚决摒弃“怕老百姓占便宜”的观念，从群众现实需求的大方向出发，把握政策、推动工作。制定了和平区《“我为群众办实事”实践活动实施方案》，提出了“六项行动”“100个项目”，对标对表中央的决策部署和市委“四个起来”的要求，为人民群众办实事、办好事，把实事办好、把好事做实。全区各单位严格落实夜话活动的问题解决机制，对居民群众反映的大事小情，分级分类进行解决，对夜话活动中收集问题的解决情况进行跟踪，确保每件问题都进入正常处理流程，做到问题无积压、不滞留。各有关单位针对“六项行动”“100个项目”，结合夜话活动中群众反映集中的共性需求和普遍性问题，梳理出本单位“我为群众办实事”重点项目，明确目标、措施和完成时限，指派专人负责，确保落实落地。解决问题的同时，要及时“向群众汇报”，及时主动向群众说明进度，坚决做到办得了的事绝不马虎，办不了的事绝不含糊，办得了的办个明白，办不了的就说个明白。

3. 群众的获得感成色更足、幸福感更可持续、安全感更有保障

通过“和平夜话”活动，全区党员干部充分发挥先锋模范作用，践行习近平总书记提出的“努力让人民群众的获得感成色更足、幸福感更可持续、安全感更有保障”的要求，解决民盼民需6.3万余件。这里面有关系到居民群众基本生活的大事。例如，和平区睦南道29号南楼因产权归属问题，多年来无单位管理，楼内水管老化，居民只能到附近住户、学校打水维持日常生活。五大道街道多次召集相关职能部门进行现场研究，最终免费为居民更换了上下水管

网，破解了群众吃水难的问题。也有长期影响居民群众生活的“顽疾”。例如，南市街、区住建委等部门“提锅上灶”，用2个月时间解决了困扰同方花园居民10余年的小区地下车库扬尘问题。党员干部解决更多的还是涉及居民群众切身利益的小事，比如区退役军人事务局多方联系企业，为失业退役军人梁先生（妻子身患癌症，生活困难）解决工作问题；公安和平分局民警千方百计为因家庭纠纷无法正常办理户籍业务的牛先生办理了身份证；区公证处为照顾摔伤老母亲而无法出门的曹女士开启绿色通道，送证到家等。全区党员干部通过“和平夜话”活动，做到“心中装着群众、工作为了群众”，赢得了广大群众的理解、信任和拥护。小白楼街开封道社区的老人们一提起此项活动就说：“‘和平夜话’活动为我们办了一件又一件的好事，我们越来越幸福了。”

通过深入群众“大走访”，对群众反映的共性需求和存在的普遍性问题进行梳理，彻彻底底查找工作上的漏洞和不足；通过解决困难“大服务”，主动出击，进位思考，找准问题症结，总结规律，反观工作，改进工作方法和流程；通过党建引领“大融合”，充分发挥街道“大工委”、社区“大党委”作用，吸引更多的驻区单位和社会组织参与和平区基层治理，不断充实强化服务群众的力量；通过志愿服务“大参与”，引导发动更多群众广泛参与到志愿服务活动中来，逐步形成居民群众自我管理、自我服务的良性循环；通过向群众汇报“大评价”，建立起群众积极参与、干部乐于接受的反馈激励循环，切实树立“群众说好才是好”的评价导向，推动夜话活动常态长效开展。和平区委对此非常重视，提出全区领导干部应该在实际工作中培养辩证思维和系统思维，着力提升领导干部正视矛盾、分析矛盾、解决矛盾，善于抓住关键、找准重点、洞察事物发展规律的能力，能够跳出和平看和平，从全局的高度观察分析问题，善于发现规律、提炼总结，将工作中发现的问题转化为改善、提升工作的“补丁”，反观工作，将效果运用到推动工作上，有效解决好服务群众“最后一米”的问题，进一步推动“和平夜话”活动走深走实。

（二）发挥志愿服务在社会治理中的积极作用

天津市和平区新兴街朝阳里社区是全国首个社区志愿者组织的发祥地。2019 年 1 月 17 日，习近平总书记在朝阳里社区考察调研时强调，志愿服务是社会文明进步的重要标志，是广大志愿者奉献爱心的重要渠道。要为志愿服务搭建更多平台，更好发挥志愿服务在社会治理中的积极作用。

天津市和平区新兴街朝阳里社区（图片来源：朝阳里社区）

党的二十大报告提出，完善志愿服务制度和工作体系，健全共建共治共享的社会治理制度，提升社会治理效能。和平区朝阳里社区党委牢记习近平总书记嘱托，认真贯彻落实党的二十大精神，强化党建引领，整合力量资源，为志愿服务搭建更多平台、给予更多支持，促进社区志愿服务提质升级，不断提升社区治理效能。

1. 党员示范带动，“红色小巷管家”扎根社区

在朝阳里社区，邻里有事，志愿者帮忙，是延续了 30 多年的传统。“服务项目在变，服务本色不变”，基层党建始终发挥引领作用。依托“红色小巷管家”志愿服务项目，朝阳里社区党委还建立了“红色 N 对一”帮扶机制，党员志愿者和网格员、楼门长等一起，与社区里的空巢老人、残疾人、困难居民结对，帮助他们解决日常生活中遇到的难题。

2. 搭建服务平台，七成以上居民成为志愿者

建一支志愿服务队，就是搭一个平台，让有意愿的居民在这里发光发热，让有困难有需要的人从中得到帮助。截至 2023 年 7 月，朝阳里社区成立了 38 支志愿服务队，注册志愿者 3885 人，占常住人口的七成，年均开展志愿服务 5600 件次。

打造公益宣传教育基地，探索专业化公益模式，举办“公益集市”活动，建立“公益基金”。这些年，朝阳里社区多策并举促进公益事业发展。得知在“公益集市”上可以拍卖物品，收益由社区统一捐助给希望小学，会手工的齐达昌有了新想法。他得空就在蛋壳上画花鸟、山水，把葫芦雕刻成不同形状。齐达昌把这些手工艺品拿到“公益集市”拍卖，爱心企业、共建单位和居民都很喜欢，很快被购买一空。

3. 摸准居民需求，提供精准化精细化服务

习近平总书记在朝阳里社区考察时指出，“社区工作是具体的，要坚持以人民为中心，摸准居民群众各种需求，及时为社区居民提供精准化精细化服务”。因此，社区注重摸准居民的需求，发挥好志愿者的作用，更好为群众服务。

2019 年，朝阳里社区制定了精准化精细化为民服务工作制度，细化社区为

民服务工作台账。精准服务的前提是精准问需，社区每年年初都要组织开展一次全覆盖式入户问卷调查。社区书记说：“今年花了 5 天时间，共收回 2197 份问卷，征集到 10 类 44 项需求。社区常住居民 2030 户，共有楼门 165 个。每年的入户调研，社区志愿者都帮了大忙，如果单靠社区十几名工作人员，短短几天很难完成。”从了解居民需求到满足实现需求，全过程都有志愿者的身影。

对于社区共性问题，由社区党委接单、派单，依托“街道吹哨、部门报到”机制合力解决。对于居民日常个性化问题，则由“红色小巷管家”等志愿者接单、派单，社区协调各方力量解决。社区党委持续探索常态化精准化志愿服务机制，将志愿服务更好融入社区治理，不断提升居民的获得感、幸福感、安全感。

（三）把党的温暖送到群众的心坎上

北辰区瑞景街道宝翠花都社区党总支坚持以党建引领基层治理，把坚持和加强党的全面领导落实到基层治理各方面全过程，聚焦解决为民服务形式单一、不够精准、群众满意度不高等问题，建立健全党组织领导下的社区治理机制，探索形成了社区“五常五送”工作法，构建起精准精细为民服务体系，增强了居民群众的获得感、幸福感、安全感。

1. 常敲空巢老人门，嘘寒问暖送贴心

从 2019 年至 2023 年 6 月，由社区“两委”班子、网格员、楼长等组成的“党员先锋服务队”“快乐老家”“热心肠”等 15 支志愿服务队，逐户挨门开展走访，为 290 位空巢老人建立包括基础信息、健康状况、个性需求等为主要内容的关爱台账，对 15 名 80 岁以上高龄空巢老人实行网格员 + 党员“二对一”帮扶，对 42 名病患老人由 84 名党员提供买菜送饭、购物送药等志愿服务。服务队在满足老年人普遍性需求基础上，还针对高龄独居、患病残疾等重点老人特殊化需

北辰区瑞景街道宝翠花都社区林则银书记在社区志愿服务（图片来源：宝翠花都社区）

求，坚持每周不少于2次入户敲门，面对面教老年人使用智能手机，一对一提供家政服务、水电气暖缴费、鳏寡老人精神慰藉等精准帮扶。组织在职党员开展“敲门日、帮扶日、欢聚日”等志愿活动，认领居民“微心愿”500个，满足老人生活、健康、文化、精神等多方面需求。新冠疫情防控期间，网格员每人每天手握一本台账，个人念好各自的“网格经”，对分管网格内的老人每天通过电话、微信进行清晨问候，对高龄独居和行动不便老人实施“红色菜篮子”“阳台菜园”“爱佳洁”“心灵驿站”等多项便民服务项目，共为社区老人提供送菜上门、义务免费洗衣、情绪疏导等服务近5000人次，把服务送到群众的心坎上。

2. 常串困难群众门，排忧解难送爱心

针对部分“4050”下岗女工和单亲母亲的就业困境，社区党总支主动与天津城建大学、河北工业大学等高校对接，成立“织梦桥”服务队，常年为下岗女工、单亲母亲创业就业开展专项培训。从2019年至2023年6月，已举办丝

网花、手工编织技艺、生活护理培训班近百期，提供就业信息 400 余条，为 235 名下岗工人和单亲家庭提供再就业岗位。建立护宝、护老等 6 个“妇女微家”，实施“大手拉小手，安全一起走”项目，参与妇女 2000 人次，受益家庭 800 余户。充分发掘社区残疾人潜能，探索“社区工作者 + 残疾人志愿者 + 残疾人”三方协调志愿服务新模式，鼓励社区残疾青年参加献爱心、环境大清整、义务巡逻等 2600 余人次，涌现出“社区好儿子”“最美青年”郝友明、冯卫江等残疾志愿者先进典型。85 岁的王大爷儿子两年前去世，老人独居生活且牙口不好，新冠疫情期间，社区在得知老人久居家中非常想吃发面饽饽后，第二天便派人上门送去酥软可口的饽饽和热气腾腾的小米粥，老人感动得热泪盈眶，当天专门来到社区党群服务中心，当面向社区工作者鞠躬致谢。

3. 常叩重点人群门，沟通疏导送舒心

社区网格员和“两长四员”对分管网格中的安置帮教及重点人员保持密切关注，经常上门了解关心他们的生活和思想动态，帮助他们融入社会、实现价值。社区安置帮教的青年张某，刚回到社区时情绪低落、心灰意冷，社区干部经常与他电话联系，鼓励他参加“星期五义务劳动”和“楼道革命”。在社区党组织的感召下，他每星期主动为社区服务 1 小时，夏天冒着烈日拔草，冬天顶着严寒搬运白菜，赢得了左邻右舍的接纳和尊重，他也变得乐观和自信起来。新冠疫情防控中，当他看到社区干部、下沉干部和志愿者顶风冒雪站岗值守时，主动和社区联系，为值守人员订购 50 件羽绒服。针对部分家庭“重视家庭经济收入，忽视子女培养教育”问题，组织成立“关爱明天”普法服务队，每月邀请律师来社区议事厅和道德讲堂开展法律讲座，组织居民和大学生开展“模拟法庭”，常态化开设“法治大讲堂”，累计零距离普法 3000 余人次，办好事实事 500 多件，化解调解纠纷 200 余次，使矛盾不出社区就能妥善解决，社区多年来没有人员进行上访。

4. 常守居民小区门，打防管控送安心

组建由北辰百姓、平安天津志愿者40人组成的“守好家”巡逻队，建立“治、调、巡”网格联动机制，每天开展安全巡查、秩序管控、邻里守望，及时收集信息、发现问题、化解矛盾、搞好服务。巡逻队员每天1小时手持小喇叭，逐个楼门宣传党的政策和声音、各类安全防范知识等，在潜移默化中教育引导居民践行社会主义核心价值观，凝聚听党话、跟党走的思想自觉和行动自觉。宣传相关基本常识，发现和排除消防隐患50余次，劝阻居民带犬出门不拴狗链、高空抛物等不文明行为百余次。发动党员和群众积极参与社区环境治理，实行“三长负责制”“绿地认领管养制”，拆除社区绿地圈占30余家，清理社区楼道、管道井等卫生死角300余处，为居民营造了安全安心的居住生活环境。

5. 常开休闲文明门，和谐追梦送欢心

聚焦家风、民风和社风建设，大力培育“里仁为美”“六必孤”“德有邻”的社区文化理念，以丰富多彩、喜闻乐见的社区特色文化活动凝聚人心、引领风尚、塑造精神。组建合唱队、舞蹈队、模特队、书法班、京剧社、朗诵组等14支文艺团队，做到天天有文体活动、周周有培训讲座、月月有文艺演出，形成“快乐老家”“宝翠春早”“街坊剧场”等文化品牌，义务为社区居民演出百余场，受益群众万余人次，真正让新思想新文化新理念“飞入寻常百姓家”。社区老党员齐清江编排的《不忘初心　牢记使命》红色舞蹈、社区居民创作的《美丽听景我的家》小品三部曲、社区兼职委员王春茂创作的三句半《团结一心跟党走》等作品深受群众喜爱。新冠疫情期间，坚持用党建文化宣传凝聚群众，创作《风雪中，他们站成了宝翠花都社区最美模样》，大力弘扬抗疫奉献精神，激励更多居民群众参与到抗疫斗争中，为坚决打好疫情防控阻击战注入了强大动力。

四、集中治理“飞地”，全力推进社会基层治理属地化

中共中央、国务院《关于加强基层治理体系和治理能力现代化建设的意见》强调，“基层治理是国家治理的基石，统筹推进乡镇（街道）和城乡社区治理，是实现国家治理体系和治理能力现代化的基础工程”。天津市集中治理“飞地”，推进社会基层治理属地化、全覆盖，全市546处“飞地”平稳“着陆”，“飞地”基层治理有效务实，群众幸福感全面提升。

（一）天津市北辰区双环邨街道加强“飞地”治理

1. 推行“三不变”政策

双环邨地区是20世纪80年代末天津市为解决市区居民住房难问题，在北辰区天穆镇界内建设的居民居住区，1990年红桥区政府申请，市民政局批复同意，设立双环邨街道办事处，明确暂由红桥区政府实施代管。2020年以来，按照天津市“飞地”基层社会治理属地化有关工作要求，为了有效解决有关“飞地”治理职责交叉、责任不清等问题，北辰区人民政府实施属地发起，提出将双环邨街道行政区划隶属关系由红桥区变更为北辰区，确保实现该地区行政区

划与行政管辖相一致。

“飞地”基层社会治理属地化工作，解决行政区划与管辖权不统一、职责不明确、责任不清晰、服务不到位、管理有盲区的问题。为最大限度保障辖区居民权益，按照有利于群众的原则，经有关部门和两区相关部门研究，提出“三不变”政策，即房籍不变，户籍不变，学籍不变。2020 年 12 月，双环邨街道整建制划转至北辰区，实现了行政区划与行政管辖相一致。

2. 成立攻坚小组

隶属于双环邨街道的佳庆里社区违章建筑拆除就是一个实例。佳庆里社区 28−37 门房屋产权复杂，涉及大产权、小产权和企业产等各类性质房屋，“飞地”治理以来，街道党工委、办事处高度重视、立即行动，由街道综合执法大队和佳园南里社区组成了“攻坚小组”，制定了“佳庆里小煤屋拆除工作计划”，对 30 处小煤屋重新编号，贴催告函，与使用人进行多次核实。这些小煤屋始建于 1993 年，多年来无人维护修缮，主要存放杂物，存在安全隐患，加上“飞地”因暖气、产权问题，住户变迁比较频繁，导致排查走访难度加大。经过攻坚小组的努力，摸底调查、建立台账，宣传动员、张贴通知，组织实施，完成了对佳庆里 30 间小煤屋及 2 间违法建设的依法拆除，总面积 148 平方米。街道协调多个部门及时完成渣土清运，保障了居民安全通行。2021 年，佳庆里社区“两委”换届以来，在区有关部门和街道的大力支持下，为了方便服务居民，社区党群服务中心由小区外迁移到小区内，并进行了提升改造，健全拓展新时代文明实践站功能，设立了集初心驿站、青少年活动场所、图书室、文化活动中心和多功能会议室为一体的综合服务平台，让居民有困难能够及时找到社区，同时也让居民和青少年在闲暇时间有活动的地方。

3. 开展分级分块跟踪管理

为实现“飞地”治理区划调整的无感过渡，提升百姓群众的幸福指数，双环邨街道动员社区党委发挥凝心聚力作用，画好网格七彩民情图，开展分级分块跟踪管理，坚持每日走访入户，开展一对一帮扶。为困难残疾家庭购买药物，与独居老人聊天谈心，为退休老人办理社保认证，让居民有事找组织，有事解决在网格，矛盾解决在社区。

在“我为群众办实事”实践活动中，社区党委充分发挥轴心作用，共搜集群众反映强烈的痛点、难点问题50例。比如佳园南里小区的小广场，是居民群众休息活动的场所，可是一到雨季，由于黄土裸露，容易形成水洼、滋生蚊虫，道路湿滑泥泞。社区在搜集民情民意基础上，将情况上报街道党工委，大家集思广益确定改造思路。在街道党政班子及相关科室召集推动下，多方协商，群策群力，最终确定了“微改造”方案。修复路面1000多平方米，规划机动车和非机动车位置410处，治理“飞线蜘蛛网”50多处，新增更换休闲座椅55把，修剪树枝142棵。这些“小项目”“微改造”既改善了老旧小区人居环境，也解决了社区车辆乱停乱放等问题。

由于老旧小区长期以来无专业的物业管理服务，基础设施维护不到位，小区停车难，设施老化存在很大安全隐患。为了解决此类问题，在区委、区政府的大力支持和双环邨街道党工委、办事处的积极协调下，佳园南里小区被列入老旧小区提升改造计划。主要包括小区大门改造、四个小广场提升改造，非机动车车位规划，楼道内外强、弱电线整理等项目，这是服务群众的一件好事实事。

（二）天津市公安河东支队“插花飞地”治理

所谓“插花飞地”问题，是指在部分管理权属交叉的地块上，存在外来人口众多、管理矛盾突出，生活环境脏乱、安全隐患突出、整治效果不佳等现象。因此，河东区决心以更大勇气和更实招法，坚决扛起属地责任，力求全方位、无死角破除“插花飞地”存在的管理难题。

经前期排查梳理，全区共存在“插花飞地”4大类30处，其中“城中村”18处，“插花地”1处，“责任不清的地带”9处，“权属交叉地域”2处，隐患治理工作迫在眉睫。为全面贯彻落实市委和市政府、区委和区政府关于做好“飞地”安全整治专项工作部署要求，从严落实市领导批示精神，始终坚持“五个强化”工作方向，公安河东支队瞄准靶心，凝心聚力，扎实开展“插花飞地”治理专项工作，取得了阶段性成效。

1. 党委和政府高位发动

天津市河东区坚持高标准部署、高站位推进，切实完善组织架构、强化工作专班，区委书记和区长挂帅，成立整治工作领导小组，多次召开专题会议部署，研究难点问题，明确任务目标，制定推进举措，规定完成时限，印发会议纪要18期，工作动态7期，下设8个专项工作组，严格按照“六清楚六到位”工作要求，落实“一地一策、一周一报、一周一查”工作机制，制定出台《河东区“飞地”整治工作标准五十条指引》，加强属地化管理，一手抓整治进度，一手抓整改提升，不断推动整治工作落实落细。

2. 属地发力消除隐患

各街道逐一明确“飞地”管理责任，协调联动，依法施策，应管尽管，杜绝“虚焊”。二号桥街道清空地毯厂路38号院旁平房片区违建内的流动人口，拆除违建5户，停止黄岩里9号楼前平房对外租赁并清空全部居住人员；向阳楼街道拆除部分房屋，开辟安全出口直通干道，配齐消防设施；中山门街道绘制丰乐里社区北园里平房片区全域图、房屋现状图、违建示意图等，制定违章立户人员、违章无户籍房主及流动人员台账，对房屋墙面和顶部进行清理，清整归置“飞线”，对房屋进行整体提升改造；上杭路街道对刘台片区内的92家商户进行安全隐患检查，对问题严重的10家商户要求立即停业整顿，对仓库区地道旁违建开展拆违行动，立即停止对外出租房屋并整改提升，关停个别居民院内小作坊，清理相关设施，消除安全隐患；向阳楼街道针对全景航拍视频中存在的显著问题，全面开展清整工作。

3. 部门联合动真碰硬

各相关行业部门按照职责分工，凝聚力量、兜底覆盖、吹哨报到、解决问题。区住建委清空刘台片区仓库区地道旁违建承租人员，拆除片区违建28间约5200平方米；区城管委牵头对“飞地”点位存在的占路经营、堆物堆料等堵塞安全通道问题进行全方位清除，处置各类问题48处，治理违规停放共享单车400余辆；区市场监管局摸排“飞地”片区各类经营商户1949家，明确260户存在管辖交叉的商户后续管理责任，对58户不符合经营条件的商户采取依法吊销程序；区应急管理局对刘台片区、慧通市场等进行联合检查，对存在安全隐患的居民和商户下发限期整改通知单；规资分局对向阳楼街道向阳花园片区的整体控规方案进行调整改造；区司法局开展“飞地”整治法制培训会议，提升相关工作人员的依法办事能力，杜绝执法过程中的不规范行为。

4. 各类措施有效落地

公安河东支队联合区应急管理局、市场监管局、公安分局、属地街道等部门开展联合检查60余次，发现、督改消防安全隐患180余处，发布整治通告120余份，约谈相关单位负责人30余人。对慧通市场“不及时消除火灾隐患”的违法行为处罚3.5万元。深入“插花飞地”开展消防宣传40余次，入户发放宣传材料2000份，开展熟悉演练25次，出动车辆50辆次，出动人员200余人次。为居民、商户发放消防安全提示单，在醒目处张贴消防安全知识海报，坚决杜绝电线私拉乱接、电动自行车违规停放充电、店铺内违规住人等现象。结合消防车道、电动自行车治理工作，推动“插花飞地”内的居民小区规范消防车道划线、张贴标识，规范电动自行车停放、充电行为。部署辖区消防救援站对各“飞地”开展熟悉演练，进一步修订完善应急灭火救援预案，必要节点采取前置备勤，充分做好应急处置的准备工作。

第五章

敢为人先：海纳百川的天下之津

中国的现代化成果是在开放中取得的，也必将依靠开放走向未来。习近平总书记指出，开放是人类文明进步的重要动力，是世界繁荣发展的必由之路。在世界百年未有之大变局加速演进的时代背景下，党的二十大报告明确提出“不断扩大高水平对外开放”，为拓展中国式现代化发展空间定航把舵。天津作为改革开放先行区，牢记嘱托，从津门古渡扬帆五湖四海，把“高水平对外开放”列为全面建设社会主义现代化大都市的目标任务。面对“两个大局”的时代背景，天津不断深化思路举措，聚焦重点任务，瞄准重点领域，持续精准发力，深度参与全球产业分工和价值链合作。从昔日“天子渡口”到如今“天下门户”，立足“京津冀协同发展”和“一带一路”建设的战略需求，天津坚持融入和服务两手抓，做好外资外贸外经文章，以开放纾发展之困、汇合作之力、聚创新之势、谋共享之福，在更大范围、更宽领域、更深层次上掀起了一场敢为人先的实干担当。从平地而起的天津经济技术开发区，到区域发展新引擎的滨海新区，再到改革开放“试验田”的天津自由贸易试验区，一个个高能级开放平台的崛起，记录着天津改革发展的脚步，续写着天津一个又一个“春天的故事”。

一、推动制度型开放，打造津门暖商热土

在新形势下稳步扩大制度型开放，既是构建开放型世界经济的客观要求，也是未来实现更高水平对外开放的核心所在。进入新时代，面对世界百年未有之大变局，习近平总书记高度重视对外开放工作，明确指出“必须坚定不移深化改革开放”“深入推进重点领域改革，统筹推进现代化基础设施体系和高标准市场体系建设，稳步扩大制度型开放”。为国家试制度、为区域谋发展，天津使命在肩。2023 年，国务院印发《关于在有条件的自由贸易试验区和自由贸易港试点对接国际高标准推进制度型开放的若干措施》，率先在上海、广东、天津、福建、北京自由贸易试验区和海南自由贸易港，试点对接相关国际高标准经贸规则，稳步扩大制度型开放。

依托海陆交汇点的区位优势，用好岸线、码头、邮轮等资源，天津坚持从全局谋划一域、以一域服务全局，积极服务国家发展战略，不断探索高水平对外开放新路径，广泛参与国际交流合作，加速融入全球现代产业体系，持续提升开放型经济水平。以“有限”空间寻求“无限”发展，天津抓住全球跨国投资、国际产业转移、绿色低碳转型、国际资本并购重组中蕴含的机遇，找准定位，精准招商，以一流的营商环境推动外资项目落地实施。在高水平对外开放上锐意进取、比学赶超，高端要素在津汇集、本土企业在津壮大、龙头企业在津聚首，创新创造在津开花，在“改”与“变”中，这座中国北方的“交通枢

纽”“百年商埠”正在以“开放”之姿闪耀着属于新时代的光芒。

（一）做好“加减乘除”，培育营商“沃土”

优化营商环境就是解放生产力、增强吸引力、提升竞争力。为打造一流营商环境，天津须臾不待。党的二十大报告强调，“科技是第一生产力、人才是第一资源、创新是第一动力”。“天开园”的破土而出，不仅是让党的二十大精神在津沽大地落地生根，更是天津深入落实科教兴国战略、人才强国战略、创新驱动发展战略，全力打造科技创新高地，彰显一流营商环境的实效真章。

天工开物、智创未来。2022 年 12 月，“天开”被赋予了新的含义。天津市委、市政府明确提出“高标准建设天开高教科创园”的设想。2023 年 1 月，天津“两会”期间，《政府工作报告》明确提出，“高标准启动天开高教科创园建设”，即构建以南开区环天南医大片区为“核心区”，以津南区海教园、西青区大学城为东西两翼拓展区的总体空间布局，探索“学科 + 人才 + 产业”创新发展模式，实现大学与城市相互滋养、相互赋能，着力打造国内有吸引力的重要创新策源地。此后，天开园的建设持续“霸屏”媒体镜头，《天开高教科创园建设规划方案》等一系列政策的出台更让其成为闪耀“津城”、破旧立新的标识。新禾吐穗，生机勃发，“硬环境”建设初见成效，“软服务”水平逐步提升。开园一个月，天开园就入驻首批优质创新创业项目 55 个，注册企业 287 家，签约金融服务机构 104 家，落地科技服务机构 80 家。改革争在朝夕，落实难在方寸。这片创新创业创造的“乐土”正在为天津高水平对外开放培育新的生机。

1. 创新监管做“加法”

“放管服”改革，“放”的前提是有效的“管”。科学的监管职责体系和健全监管法律规章是有效监管的基础。2023 年 1 月，天开高教科创园建设工作领导小组第一次会议审议通过《关于支持天开高教科创园高质量发展的若干政策措施》《天开高教科创园创业种子基金设立方案》《关于加快推进天开高教科创园“一站式”政务服务的工作方案》等重点事项。这些事项从制度创新实效出发，紧紧围绕创新创业者和科创服务者的需求动态完善政策和服务供给。同时，“寓监管于服务”的创新模式也为天开园建设提供了“加速度”。天开园辖区市场监管部门主动对接拟入驻园区的企业和项目团队，提供有针对性的培训，派出业务骨干提供上门服务，确定专员与企业保持长期联系，开通网上办事专区减少企业办事成本，实现了优质服务与高效审批的有效统一。依托智慧政务网络平台，天开园积极运用物联网、云计算、大数据等信息化手段创新监管方式。天开园综合服务中心设置“7×24 小时不打烊”自助服务专区，引进中国北方首台集成远程帮办和超写实数字人的智慧微厅，协助税务机关实现全方位服务和监管，使数字监管、智慧监管从抽象理念落实到天开园监管的全链条各环节。

2. 简政放权做“减法”

天开园建设的涟漪效应正是源于简政放权作出的“减法”。在位于天开园综合服务中心一楼的服务大厅中，企业开办、政务服务、社保人社、纳税服务等窗口一字排开，320 项现场审批服务，1100 余项服务事项帮办代办，把企业在办理过程中遇到的政务服务事项进行“一站式”办理，24 小时政务服务中心和智慧政务网络平台更实现了政务服务向全天候、智能化的延伸。巨大的裸眼 3D 屏幕生动展现了园区的定位、规划、政策，更对已经入驻企业的项目、成果等进行展示，招商引资、政务服务在这里变得简单、高效、直观。同时，依托市科技局成立天开园政策汇编解读工作专班，围绕项目、人才、园区运营等重点政策措施，制定并对外发布 17 条政策实施细则、22 个“一图读懂”明白纸和申报流程图，进一步明确政策支持对象、支持方式、申报流程、咨询方式等内容，确保各项政策“写得清”“看得懂”“落得实”，各类权力事项“放得下”“接得住”“办得好”。

3. 精细服务做“乘法”

导航式、管家式的服务正是天开园激发市场主体活力的不二法门。在顶层设计、专班引领、各部门倾力协同的共同作用下，天开园精细服务已让科技创新要素聚集态势初见成效。作为天开园企业服务的主体，天开集团在充分研究国内外相关先进案例，实地调研兄弟园区基础上，形成针对企业不同发展阶段的政策性和市场化服务事项库共计 429 条，针对开园阶段种子期团队、初创期企业推出首批 21 类 84 项 118 条服务事项，涵盖创业服务、成果转化服务、科技金融服务、科技公共服务、创新创业“催化”服务等多个方面。主打“人人都要做好营商大使”理念，为更好服务创新创业企业，天开园工作专班不仅对接多家金融、法律、财务、知识产权、科技等服务机构，签约一批金融服务机构，落地一批科技服务机构，更将服务细节落实到道路整修、水电燃气供给、照明、通信、绿化、环卫、停车规划等每一项工作上。此外，南开区政务服务办还为天开园创建了“首席服务官”制度，只要企业将需求（如营业执照申请、税务申报）和相关要件提供给“首席服务官”（第一个接待企业办理业务的工作人员），即可进行业务办理及对接。筑巢引凤栖，花开蝶自来。优质的软硬件服务，深厚的科创底蕴，让天开园“花”开遍地，“果”满枝头。

4. 扫清障碍做“除法”

破除体制机制障碍、降低制度性交易成本是激发科创企业发展活力的关键。与一般企业不同，科创企业多因关键技术突破或商业模式创新而产生。这意味着对于科创企业，“招商”必先“引智”。面向三类创新主体，天开园给出了不同方案：支持大学生“在津圆梦”，支持运营机构为大学生提供低成本孵化载体空间，为初创企业轻装上阵提供支持；支持高校科研人员成长为“产业教授”，横向科研项目落地天开园转化，可按程序申请备案为市级科技计划项目，并在个人评定职称时予以认可；发展特色校友经济，将天开园打造成“第二母校”。有别于“补贴式”“倾斜式”的产业政策，聚焦成果转化服务、科技金融服务和创业孵化服务，天开园在体制机制上破立并举：一方面，完善统一的产权保护制度，降低科研成果转化的风险和不确定性，打通成果转化和科技创新的“最初一公里”，帮助创业师生开阔视野、对接资源，推动更多科创成果在津转化；另一方面，规范不当市场竞争和市场干预行为，加大知识产权保护力度，以市场化、法治化方式积极营造充满生机与活力的创新创业生态系统。

（二）深耕试验田，创造服务“超高速”

建设中国自由贸易试验区是党中央、国务院在新发展阶段全面深化改革、扩大开放的战略决策，是习近平新时代中国特色社会主义思想在治国理政上的重要实践。天津自贸试验区是中国北方第一个自贸试验区，自2015年挂牌以来，天津自贸试验区大胆闯、大胆试、自主改，通过首创与实践相联结、前沿与特色相结合、服从与服务相统一，以开放倒逼改革，成为体制机制创新的“试验田”、产业集聚的“增长极”、扩大开放的“新高地”。八年间，天津自贸试验区围绕企业这一重要市场主体，解放思想、先行先试，建立与国际通行规则相衔接的投资贸易制度体系，深化金融开放创新，加速政府职能转变，各项工作都取得了新的进展和突破。

1. 挺进管理和服务“深水区”

提起融资租赁，不得不提天津东疆综合保税区（以下简称天津东疆）。作为天津自贸试验区的重要组成部分，天津东疆这片欧亚大陆桥最东端的盐碱滩，用10年时间书写了中国融资租赁业“从0到1”的奇迹。创下第一不易，保持领先更难。长期以来，天津东疆将企业的实际需求作为持续创新的原动力，融资租赁物出口退税试点、经营性租赁业务收取外币租金试点、外债便利化试点、离岸融资租赁对外债权登记业务试点、海关异地监管等系列创新政策在这里先行先试。一个个行业难题在东疆破局：推行“税库银”三方协议网签模式，用数据跑路代替企业跑腿；首创市场主体报到制度，开启企业网络社区化管理新模式；颁发天津自贸试验区首张“确认制”营业执照，释放制度创新红利。近年来，天津东疆率先闯入“深水区”，将目光投向飞机租期内管理、资产交易流转等产业中后端，由单一的飞机租赁引进创新走向全生命周期的资产管理创新，近 3 年完成 160 余单飞机资产交易和处置业务，成为全国最大的租赁飞机资产交易中心。依托天津信创产业的发展优势，天津东疆也在不断推动诚信体系体制机制建设，不断拓展东疆“信易 +”应用场景，推动各部门根据企业信用等级进行分级审批管理。东疆管委会重点在开办企业、项目开工、资质资格领域进行推广，并建立健全了信用修复机制，采取上门服务形式对企业开展一对一的信用修复培训，鼓励并指导企业就遵纪守法、信息真实性、产品质量、服务保证、承担的责任与义务等情况主动向社会作出信用承诺。为守好产业发展的法治防线，东疆管委会与自贸法院、租赁法庭持续深化合作，依托优质司法服务，吸引众多的融资租赁、商业保理企业聚集，以法治方式保护创新、坚定企业发展信心、促进产业发展。

2. 实施创新项目全生命周期管理

天津自贸试验区设立以来，天津海关累计推出创新制度措施 178 项，先后有 12 项措施经国务院向全国复制推广，占天津自贸试验区复制推广总量的 32%，占海关系统的 17%。实施协同创新，组织实施“航空产业链配置优化”等 15 个创新项目。牵头组织北京海关、石家庄海关，成立推动“京津冀自贸试验区海关监管协同创新”领导小组，提出“国际航行船舶保税物料跨关区供应新模式”等联合创新意向。在全国率先实施“船边直提”和“抵港直装”改革并规模化应用，率先制定融资租赁监管办法，创新监管推动航空产业链高质量发展，率先探索平行进口汽车标准符合性整改等创新业务模式，创新支持保税研发业务落地，推动保税展示交易扩围增量，助力天津口岸由“通道经济”向“产业经济”转型。建立信息化监管为主，现场监管为辅的监管模式，覆盖天津自贸区的海关业务和创新制度，海关自动化作业率、作业无纸化率、卡口智能化眼验放率显著提升。检验检疫部门科学调整检疫准入制度，下放行政审批，积极推进申报、审单、查验和放行无纸化工作。海事部门以“诚信体系 + 大数据”管理为基础，实施集约登轮检查制度，全面实现船舶进出口岸审批电子化，显著缩短船舶停靠港口办理审查手续的时间，有效提升港口运行效率。

3. 跨境贸易便利化为企业拓展“朋友圈”

贸易便利化改革进一步促进了贸易转型升级，有力支撑了以数字服务贸易为代表的贸易新业态、新领域的发展。经过持续探索和实践，天津自贸区在平行进口汽车、大宗商品交易、文化贸易、跨境电子商务等领域逐步形成以技术、品牌、质量、服务为核心的外贸竞争新优势。2022 年，天津自贸试验区外贸进出口额超 2900 亿元，同比增长 7.9%；实际使用外资超 22 亿美元，同比增长 3.8%。截至 2023 年 3 月，天津自贸试验区已累计实施 581 项制度创新措施，向全国复制推广 38 项试点经验和实践案例。自行复制推广改革试点经验 5 批次共 118 项，创新实践案例 7 个，天津自贸试验区高水平对外开放平台作用发挥更加明显。跨境电商倍增式发展，形成 3 个跨境电商示范园，7 个跨境电商创新试验区，实现 6 种业务模式口岸全覆盖，加速打造北方地区最优的全产业链闭环生态圈。2022 年，天津口岸出口整体通关时间 0.57 小时、进口整体通关时间 34.3 小时，分别位于全国各主要沿海省市第一、第四位。2023 年，国务院印发《关于在有条件的自由贸易试验区和自由贸易港试点对接国际高标准推进制度型开放的若干措施》，将天津自由贸易试验区列为对接相关国际高标准经贸规则，稳步扩大制度型开放的试点地区。在这一政策的推动下，天津自贸试验区进一步释放制度创新红利，不断提高在京津冀协同发展和构建新发展格局中的嵌入度、贡献度，持续为天津的高水平对外开放助力赋能。

（三）投资创业无忧，创新创造无虑

在全球经济低迷之际，庞大而稳健成长的中国市场成为全球需求的稳定器。习近平总书记在 2022 年中央经济工作会议上强调："要推进高水平对外开放，依托我国超大规模市场优势，以国内大循环吸引全球资源要素，既要把优质存量外资留下来，还要把更多高质量外资吸引过来，提升贸易投资合作质量和水平。"新发展阶段，更大力度吸引和利用外资是加快构建现代化产业体系的必然选择，也是高水平对外开放的直接体现。驻点招商、平台招商、以商招商、以会招商、链主招商、精准招商，优化招商引资环境，拴心留人暖企，天津招法频出。

招商引资符合产业成长的基础逻辑，是催化产业升级进阶的源头活水，能够催生产业"裂变"效应，实现换道超车，培育经济增长新的"爆发点"。面对激烈的区域竞争，天津坚决摒弃拼资源、拼政策等"内卷式"招商乱象，坚持用高水平招商引资助力经济高质量发展。从资源禀赋、产业优势的实际出发，扬长避短、有取有舍，保持定力、靶向出击，不断提高招商引资的质量和水平。2022 年，日本、新加坡、英国、德国等国家和地区共在津投资 58.4 亿美元，占天津市实际使用外资总量的 99.1%。在新冠疫情防范常态化后，天津进一步从改善社会预期、提振发展信心入手，出台招大商、招好商等一系列有针对性的政策措施，提级统筹调度，引导各级部门在招商工作中主动作为、大胆尝试，多角度支持企业在津投资兴业，进一步释放出谋发展、抓经济的强烈信号。2023 年上半年，天津全市新设外商投资企业 276 家，同比增长 7.8%，实际使用外资 39.3 亿美元，同比增长 6%，70 个外资及服务业重点项目于 2023 年初集中签约，外资项目总投资153.3亿元，利用外资规模和质量稳步提升。

1. 精准靶向，优化发展布局

坚持产业链精准招商。围绕重点产业链，按照“补链延链强链”的发展要求，以“产业研究+产业招商+资源整合+专业团队打造+重点客户高效推进”为主线，天津坚持细分领域，利用信息化手段精准挖掘高质量招商线索；聚焦关键环节，利用大数据分析充分锚定重点招商对象。充分利用天津特色资源，有针对性地向相关国家和地区的企业开展招商引资。围绕引进的重点企业和龙头企业，天津着力用好企业生态环境，对引进的重点企业、行业头部企业和央企，对下属企业及产业链上下游企业进行重点招商，在完整的生态体系内做好“首部经济”“首发经济”两篇文章。

2. 创新竞进，突出产业优势

利用外资是对外开放的重要内容，在促进产业结构优化、扩大国际贸易往来等方面具有乘数效应。天津致力打造招商引资的“和合”氛围，以优质市场环境吸引更多国际资本，做到本土经济与外部经济“融合”、民营经济与外资经济“结合”。同时，统筹各区招商工作，指导各区对照产业目录明确1至2个优势产业，紧盯境外世界500强、知名跨国公司，引导外资重点投向先进制造业、战略性新兴产业、绿色低碳以及现代服务业等产业领域，鼓励各区开展招商合作，减少同质化竞争。对由于项目退出、投资不足或者产业升级等原因产生的闲置土地和厂房，及时统筹相关各方推进开展“二次招商”，盘活闲置资源。对有市场前景、发展较好的引进项目，鼓励支持企业增资扩产。为寻找引资新机会，抓住全球政治经济格局重构带来的新机遇，天津立足制造业优势，2023年开年之初先后组团赴中国香港、新加坡、日本和韩国开展招商推介，推动一批项目加快落地。把握发展趋势，出台《天津促进招商引资扩大社会投资若干措施政策咨询指南》等一批招商政策、惠企政策主动攻坚“新兴成长型”项目，锁定“专精特新”企业，引进跨越型、颠覆式创新项目，抢滩布局“未来赛道”。

3. 高效服务，畅通要素流动

坚持硬核举措托底，打造营商环境“升级版”，以营商环境的确定性增强投资吸引力，形成吸引市场主体布局、生产要素集聚的强大磁场效应。“走出去”登门拜访，“请进来”对接洽谈，天津招商团队一方面把目光投向长三角城市群，紧盯集成电路、高端装备、生物医药、汽车和新能源汽车等产业链开展专题招商行动；投向粤港澳大湾区，紧盯新一代信息技术、新能源、新材料等行业龙头企业，利用中国进出口商品交易会、中国国际高新技术成果交易会等展会平台，开展专场招商活动；投向各大重点城市，组织开展产业链招商引资宣传推介系列活动，大力宣传天津的产业环境和优惠政策，提振企业来津投资的意愿和信心。另一方面，天津也在不断创新招商手法，畅通海外招引渠道，瞄准欧美、日韩新等重要外资来源地，“抢滩出海”招商。大力开展云推介、云洽谈、

2019 年 4 月，外交部天津全球推介活动在京举行

云招商等活动，通过互联网、大数据技术精准挖掘产业链各环节的核心企业和契合强链补链需求的高价值招商信息和锁定目标企业，让引进的项目更符合重点产业发展需要。对招商引资工作从项目洽谈、签约、落地到投产进行全过程数字化管理，实现招商引资工作全流程可视化。综合考虑企业对经济发展的带动作用，对作出突出贡献的企业和高端人才，加强生产生活配套保障。

4. 用好平台，安商亲商兴商

构建“藤蔓式”招引网络，着力提升投资便利度，打通各类市场堵点、难点、痛点。坚持项目为王、落地为本，抓实项目“生成期”精准服务，做细项目“全周期”伴随服务，开展项目“个性化”定制服务，把准项目落地每个环节的关键点，“一对一”提供政策支撑和投资引导，推动签约项目极速审批、尽早开建。利用商会、行业协会、产业联盟等平台，采取政府购买服务等方式，引导各类平台积极参与招商引资。加强与各省市驻津商会、驻外省市天津商会、驻华外国商会的沟通联系，利用各商会会员企业集中的优势，鼓励商会引导会员企业来津发展。突出多元价值营销，建立完善面向全球全国的投资推广网络，把推介宣传多渠道、多形式精准投送到目标区域和群体。推动外事资源向外资资源转化，强化外资对接促进；推动金融资源向项目资源转化，促进客户变投资商；推动商协会资源向信息资源转化，强化项目精准导入；推动区域合作资源向产业资源转化，主动承接重点产业转移，凝聚强大合力。

二、“国企大市”改革突围，培育竞争新优势

国有企业是稳定经济社会大局的顶梁柱、压舱石。习近平总书记强调，要深化国资国企改革，提高国企核心竞争力。作为老工业基地，天津国企占比高、盘子大，曾创造了中国工业史上诸多“第一”。但市场化改革滞后带来的问题逐渐显露，体制机制僵化，经济效益下滑，债务风险高企。不改革，死路一条。天津市委、市政府痛定思痛，拉开新一轮国企改革大幕。面对我国经济发展新的战略机遇、新的战略任务、新的战略阶段、新的战略要求、新的战略环境，天津紧跟形势变化，以提高核心竞争力和增强核心功能为重点，坚持分类改革方向，主动适应、积极作为，谋划新一轮深化国有企业改革行动方案，着力打造公司治理新、经营机制新、布局结构新的现代新国企，不断增强国有经济竞争力、创新力、控制力、影响力、抗风险能力。

围绕国有企业姓党为民本色，做落实新发展理念的排头兵、做创新驱动发展的排头兵、做实施国家重大战略的排头兵，成功打造了一批充满生机活力的现代新国企。市委、市政府认真落实《国企改革三年行动方案（2020—2022 年）》，将相关工作纳入市委巡视、市级绩效考核和专项审计，举全市之力打好这场攻坚战。市国资委牵头建立国企改革三年行动工作推进机制，下设 7 个工作推进组，建立了定期调度、工作碰头、督促检查、考核问责和宣传报道等制度机制，抓好

组织推动和协调调度，使改革“设计图”和“施工图”紧密衔接、按节点推进。沉舟侧畔千帆过，病树前头万木春。天津国企在滚石上山、爬坡过坎中终于迎来了属于自己的灿烂春天。天津市国企改革连续3次被国务院国资委评为A级，到2022年底88项任务全面完成，全市国资监管企业实现营业收入同比增长4.6%，利润总额同比增长14.6%，实体企业经营活动现金流净流入两位数增长，各项经营指标逐步向好。转换机制、重塑动力、化解风险，以重大项目为牵引，2023年以来，聚焦天津“十项行动”，推动实施《国资系统落实全市“十项行动”工作方案》，明确重点项目66项，总投资约4300亿元。一季度，市国资委监管企业实现营业收入同比增长11.5%，利润总额同比增长32.5%，工业总产值同比增长26.6%，缴纳税费同比增长12.6%，国资国企呈现回升向好态势。

（一）打破“铁饭碗”，引入“鲶鱼效应”

苟日新，日日新，又日新。改革是由问题倒逼而产生，又在不断解决中深化。在推进国有经济布局优化和结构调整、深化国资国企改革方面，天津持续走深走实。国有企业改革，既要“造形”，更要“铸魂”。习近平总书记在2018年全国组织工作会议上深刻指出：“我们党之所以能够始终保持强大的创造力、凝聚力、战斗力，成为革命、建设、改革事业发展的中流砥柱，团结带领人民战胜各种艰难险阻、取得一个又一个胜利，一个十分重要的原因就在于高度重视培养造就能够担当重任的干部队伍。”天津市委、市政府强调，国有企业搞得好不好，事关改革发展全局，事关社会和谐稳定。组织系统认真落实中组部部署要求和市委安排，围绕服务国有企业改革，坚持事业为上、人事相宜，多角度多层次识别干部，提高选人用人精准度，坚持市场化、职业化、契约化改革方向，加快推动以职业经理人制度为重点的选人用人制度改革向市管企业所属二级及以下企业和区属企业延伸，让干部能上能下，员工能进能出，收入能增能减，形成能者上、优者奖、庸者下、劣者汰的良好局面，让企业重新焕发生机与活力，营造干事创业的良好氛围。

1. 推进干部能上能下，激励担当作为

砸掉“铁交椅”，打破“铁饭碗”，建立市场化选人用人机制，是天津刀刃向内推进国企改革的“撒手锏”。突出选才育才政治标准，激发提升国企干部创新活力、推动改革动力、攻坚克难能力。始终将政治标准贯穿人才选育管用全链条，将是否坚定捍卫“两个确立”、坚决做到“两个维护”，坚持改革发展正确方向放在首位。对企业和团队主要负责同志、领军人才、拔尖人才突出考量其政治判断力、政治领悟力、政治执行力。对青年人才突出考察政治能力、调查研究能力、科学决策能力、改革攻坚能力、应急处突能力、群众工作能力、抓落实能力。放眼全国选贤任能，拓宽视野、广开渠道，建立“揭榜挂帅”机制，灵活引进人才智力资源，汇聚起实现天津国企腾飞的磅礴力量。2018 年以来，在市委组织部领导下，市国资委党委积极探索实施市场化选聘职业经理人，累计在 19 户市管企业、2 户委管企业选聘 94 名职业经理人，各级子企业选聘累计 323 户、802 人，取得较好成效，在全国走在前列。坚持拓宽视野，大力引进高层次人才；坚持优化环境，将国有企业打造成各类人才成就梦想的舞台。

2. 坚持党管人才，把握好第一资源

人才资源是推动实现国有企业创新发展的第一资源。天津市始终坚持党管人才原则，牢牢把握人才引领战略地位，以更高站位、更大力度深入实施新时代人才强企战略，大兴国企人才工程，切实把企业的人才优势转化为创新优势、竞争优势和发展优势，不断做强做优做大国有资本和国有企业，为建设人才强市、打造人才高地贡献国资力量。坚持系统观念整合各方面人才工作资源。牢牢把握各类人才向新兴产业、重点行业战略联盟、产学研融合体等人才高地定

向集聚的特点，建设高质量引才平台，构筑引才聚才的“强磁场”。制定印发《关于国资系统深入实施新时代人才强企战略推动引领国资国企高质量发展的意见》，积极推动实施“国企英才培养工程”，着力建设德才兼备、忠诚干净担当的高素质专业化人才队伍。强化人才自主培养锻炼，聚焦天津市企业家队伍建设“111”工程，加快培养一批杰出企业家、新型企业家。深化实施“未来青年企业家培养工程”暨“青马工程”，持续推进“攻坚克难突击队”实践锻炼机制，以重点项目、重点工程、重点岗位和急难险重任务为依托，为人才提供“练兵场”和“点将台”。抓实抓细人才工作考核监督，充分发挥考核“指挥棒”作用，把人才工作纳入年度和日常考核指标体系，以精准考核推动党管人才各项工作落地见效。企业党委对照“国企英才培养工程”各项目标，明确责任单位、责任人及完成时限，层层建立工作台账和人才库名册，逐项扎实推进、逐项落实到位，形成“政策措施—目标任务—精准实施—考核评估—责任追究”运行闭环，对国企干部形成经常性、全方位、立体化的有效约束，让干部逐渐习惯在“聚光灯”“显微镜”下工作。

3. 全力构建新时代“大人才”工作格局

国企的发展在人，国企改革的难点在人。调动人的积极性，是保障企业提升经营效率、拥有长期竞争力的关键要素之一。天津夯实建强人才工作机构，健全完善组织部门牵头抓总、职能部门密切配合的工作机制，推动各相关职能部门扛起相关领域人才队伍建设的部门责任。压实各级党组织人才工作主体责任，构建上下贯通、左右协调的“大人才”工作矩阵，既抓好本领域的重大人才工程实施，又抓好相关人才政策和工作任务落实。截至 2022 年，天津先后在 21 家市管企业和 2 家委管企业经理层累计选聘了 108 名职业经理人，超过七成来自外地，子企业累计完成职业经理人选聘数量更是达到了 330 户 890 人。到 2025 年，努力培养造就 1000 名各领域、各层次，坚定正确政治方向、深怀爱国之心、砥砺报国之志，担负起新时代使命责任的优秀人才，形成引领国资国企高质量发展的中坚力量。坚定不移深入实施新时代人才强企战略、打造新时代国资国企人才发展高地，深化人才发展体制机制改革、充分释放各类人才创新创造活力，着力加强年轻干部培养选拔管理监督工作、锻造国资事业坚实后备军，加强组织领导强化考核管理。

（二）转型“旧产业”，突出“长板效应”

茫茫渤海，见证了这片盐碱地的沧桑与辉煌；历经了百年的沉淀，几代天津渤化人不屈的背脊上，一座座大型化工基地已经悄然崛起，“全新渤化”的建设如火如荼。思定而后动。深刻的发展之间，带来自上而下的自我革命，也带来了天津渤海化工集团（以下简称渤化集团）发展质量和效益的巨大提升。始于近代实业救国运动的渤化集团，百年笃行不怠深耕实业、守正创新科技赋能，现已发展成天津市知名化工产业龙头企业，位列中国企业 500 强、中国制造业 500 强。依托三大综合性化工基地、立足四条产业链基础、发挥两大海运港口优势，渤化集团实现了“耦合联动、港化一体”发展。

1. 惟改革者进

改革是企业持续发展的不竭动力。“瘦身”之后，效果立竿见影。2021 年，渤化集团 16 户亏损企业减亏幅度达到 60%，其中 8 户重点亏损企业全部扭亏为盈。千年盐业、百年化工，渤化集团是天津的代表性国有企业。作为长期致力于产品生产与研发的生产企业，渤化集团采用新思维模式创新，积极策划拓展 C 端产品体验感受，从研发、生产、销售、宣传等环节上加大工作力度——做优做强“老字号”，创新创优“新品牌”，做精做细“好服务”。多年来，渤化集团奋楫破浪、坚毅前行，在生产、创新、研发和应用等方面都取得了令行业瞩目的成就，形成了海洋化工、石油化工、碳一化工“三化一体”“港化一体”“集群集约化”的产业布局。集团上下围绕做强做优做大绿色高端化工主业的发展定位，持续深化改革、优化结构、强化管理，全面推动全新渤化建设；牢固树立新发展理念，以高质量发展为根本，深入实施创新驱动发展战略，以调整结构、优化布局、资源统筹、开放合作、安全环保为原则，充分发挥空间、产业、人才、集约优势，以互联网、大数据、云计算为支撑，以天津“两化”搬迁暨天津渤化南港基地建设、临港渤化园和大港精细基地优化提升和转型发展、提质增效、科技创新、安全环保、融入京津冀等为重点任务，全面提高供给质量；加大产业结构调整力度，大力发展精细化、绿色化、新能源、新材料等高端下游产品，加快向现代石化转型。同时，坚持“产融结合、双轮驱动”，加快产业结构调整，加速进入资本市场，形成产业、资本良性互动、协调发展新格局。渤化集团深入推进“上市 +”战略，推动实现资源资产化、资产资本化、资本证券化；深入推进“企业混改”战略，实现产权多元化、股权多元化，激励多样化；深入推进“四个一批”战略，努力实现“出清出让一批，救死扶生一批，做优做强一批，谋划发展一批”，不断瘦身健体，集中优势资源聚焦天津渤化集团发展战略，做强做优做精做大主业。集团坚持抓住“主要矛盾和矛盾的主要方面”不动摇，以科技创新、资产盘活、优化资本结构为出发点，逐步实现健康可持续发展。坚持整体规划与重点突破相结合，统筹谋划，狠抓落实，确保改革发展各项工作取得实实在在的成效。

2. 惟开放者强

作为中国近代化学工业产业的发源地，渤化集团下属的永利化工、长芦汉沽盐场、长芦海晶集团等企业由于历史悠久，拥有世代传承的产品、技艺和服务，具有鲜明的中华优秀传统文化背景和深厚的历史文化底蕴，被中华人民共和国商务部授予“中华老字号企业”。天津渤化集团所属的“红三角”“芦花”和“海晶”品牌产品被认定为“中华老字号产品”。制度变革注入新活力，渤化集团通过顶层设计、细化制订方案和“走出去”“请进来”等方式，深化开放合作，不断让生产的烧碱、聚氯乙烯、纯碱、氯化铵、工业盐、ABS、苯乙烯、合成树脂、医药中间体等产品驰名中外。销售渠道的开放引发了理念的更新。从重污染的化工企业到把“碳中和”的理念贯穿始终，渤化集团执行原料轻质化、产业差异化、产品高端化策略，更科学合理地布局集团产业产品链。从根本上调整集团产品、产业结构，增强综合实力，对标世界先进水平，将南港基地打造成“全维度数字化、全过程可视化、全信息集成化、管理科学化、决策智能化”的“五化一体”产业链完整的全新智能绿色工厂，助推了天津海洋化工、石油化工、碳一化工“三化”结合和“港化一体”发展格局的形成。

3. 惟创新者胜

在历史的长河中，“永久黄”团体在近代中国的历史上留下了浓墨重彩的一笔。以范旭东、侯德榜、李烛尘为代表的老一辈实业家、科学家，于1914年创建久大精盐、1917年创办永利制碱、1922年创办黄海化学工业研究社，开创了中国化学工业的先河，奠定了中国化学工业发展的基础。站在新的历史关口，踏上新的奋斗征程，渤化集团积极实施“卡脖子”催化剂国产化项目、丁辛醇催化剂再生及回收项目、PVC用非汞触媒项目、ABS新品种、PA6改性材料高铁应用等一批重大科技攻关项目，与中科院大连化物所 、中科院天津工生所等科研院所开展科技战略合作，签订产学研合同55项，持续提升关键核心技术创新能力。构建产学研平台，充分发挥270平方千米盐田、三个园区两个港口等巨大的资源优势，有力推进科技创新和成果转化。通过“四个一批、主辅分离、优化重组”等举措，渤化集团在全市场竞争中抢得先机，争取主动，向行业标杆看齐，在绿色产业、健康产业发展上迈大步，不停步，年年都有大进步。在做优、做强传统优势的B端产品的同时，渤化集团以盐田、盐业、橡胶等优势资源为基础，延伸做优食用盐、保健用盐、医药用盐、畜牧用盐、美容护肤、海洋生物、水产养殖、盐光鱼旅、生物制造、体育用品、劳保用品等C端产业链。“可共享”“可溯源”的智慧系统，产品的全生命周期监管，不仅提高了企业管理效率，实现了产品质量变革，更为天津国有企业的动力变革、效率变革打了样。

（三）改掉“老机制”，激发“聚变效应”

天津海鸥表业集团（以下简称海鸥表业）是中国第一只国产手表诞生地。海鸥表业的创业史就是一部中国精密制造业的自研创新史。从“中国制造”到“中国研造”，海鸥表业始终围绕着中国自主创新理念，以中国设计、中国制造为核心，参与国民生活品质的创造，用中国时间记录着中国的发展，用中国时间向全世界展示着中国研造的实力。在近70年的发展历史中，“海鸥”从天津飞向全国、飞向世界，不仅拿下诸多“中国表业第一”，还成为世界上为数不多的，同时掌握陀飞轮、三问表、万年历三大复杂腕表技术的表企。然而，曾经随着市场竞争加剧，它同许多老国企、老民族品牌一样遇到了发展瓶颈，国际市场业务萎缩，国内市场拓展乏力，营收面临不小挑战。为“中国机械腕表集大成者”纾难解困，天津市委、市政府沿着“推动国有资本和国有企业做强做优做大”的发展目标，运用发展的办法、市场的手段，推动资产资源盘活、风险缓释出清，盘活存量资源，为海鸥表业在厚植技术优势基础上，改掉束缚发展的“老机制”，以混合所有制改革为契机，助力海鸥表业以卓越的自主创新产品、精湛的机芯制造技艺翱翔寰宇、领先世界。

1. 混合所有制改革带来聚变增效

推动混改，是天津着眼于国有资产保值增值，转换国有企业经营机制，提高国有资本运行效率的关键一招，更让一批像海鸥表业一样历史包袱沉重的老国企焕发了新生机。混改初期，哪些企业适合，引入什么样的资本，职工利益如何保障，都是需要妥善把握的问题。天津始终守住“国有资产不流失、职工妥善安置、扎根天津发展”的底线，重点围绕“引资、引智、引制、引业、引治”，一企一策，科学谋划，稳妥推进，提出“三个首创”（首创性建立职工安置风险保障金机制、首创性推进国企混改全过程监督、首创性实施混改“后评价”）确保天津国企混改行稳致远。混改不仅要让困境中的企业破局，更要让传统企业增效。结合企业长远发展、业务转型、增强发展后劲的需要，海鸥表业采用“增资扩股＋股权转让”的混改模式，引进战略投资者充实企业资本金，为业务发展注入增量资金，不但偿还了公司负债，更进一步支持了未来整体发展，优化了资产结构。海鸥表业的混改既充实了企业资本金，为业务发展注入增量资金，又使混改后股权结构更加灵活。在注册资本金保持不变的情况下，通过股权转让，战略投资者可以持有更多国有股权，更有利于实现投资方在经营模式、管理模式、资源配置与海鸥技术研发优势的紧密融合，加速实现企业创新发展、转型升级、提质增效。混改以来，海鸥经营业绩连年攀升，2022 年上半年营业收入同比增长 11%，利润增长 53%。

2. 以“混”促“改”，搞活体制机制

聚焦管资本体制，透明搞混改，把全新引进的体制机制放在首位，更加注重引进具有发展潜力和整体实力的战略合作者，通过国有资本和非公资本的融合发展，把企业活力激发出来。海鸥表业通过混改转变为协调运转、有效制衡的法人治理结构，建立起市场化的公司治理体系。海鸥表业增资扩股后法人治理结构由公司股东会、董事会、监事会及经营层组成。通过混合所有制改革，借助投资者的资金市场实力，加速海鸥表业在全国手表市场的布局，以品牌带品种，实现海鸥表业在国际、国内两大市场拓展的突破。积极建立现代企业制度和科学的管理体系、运行机制，形成有效制衡的法人治理结构，使决策机制

更灵活，市场化导向更清晰，经营效率显著提高，推动海鸥表业产业经营与资本运营双轮驱动。混合所有制改革仅是海鸥表业变革的一个侧面，通过混改实现创新突破，对海鸥表业在产品、品牌、市场渠道上全方位赋能才是发力方向。为此，海鸥表业对增资项目投资人资格设置了较为严格的条件。战略投资者资本来源、资信状况、行业背景，与海鸥表业战略协同，能为海鸥表业带来项目或产品市场、管理、人才等重要资源增量，以及有长期投资合作意愿等都成为战略投资者资格条件中的重要考量因素。

3. 为飞向世界注入强心剂

混改后在集团赋能的助力下，海鸥表业锁定重点技术短板，积极推动技术变革，通过先进设备的引进，实施技术创新和加工工艺创新，勇当机芯原创技术的“策源地”。截至 2022 年底，海鸥表业已拥有国内外先进的生产设备及检测仪器 2000 多台，其中高端先进设备占比超过 30%。同时，在人才梯队方面，海鸥表业生产制造团队明确提出了新生力量发展计划，通过组织技师考评、建立擒纵机构工作室等推动专业人才培育，同时建立双梯通道机制、以挂职轮岗方式选拔人才充实关键岗位，形成了一支平均年龄为 30~40 岁的中青年骨干团队，有效推动了人才队伍年轻化、专业化。一批优秀的市场化人才开始逐梦海鸥表业，与前辈工匠、大师团队一起支撑海鸥表业发展的新格局。近几年，海鸥表业以其在新技术、新材料、新工艺、新装备上形成的综合优势，进一步加大高端创新和集成创新力度。海鸥表业以其拥有自主知识产权的高端核心技术，年产 12 个系列、200 多种规格、600 多万只“中国芯”，其中 80% 销往包括瑞士在内的国际配套市场，占据全球机芯市场的 40%。海鸥表业的成功，不仅让全球消费者对中国制造有了新的认识，也让全球市场对中国制造业的实力有了新的认识。

三、打造“津品·精品”，激发民营经济新活力

民营经济是推动经济变革的重要力量，是促进高水平对外开放的重要支撑。党的二十大报告强调指出，“促进民营经济发展壮大”，重申坚持“两个毫不动摇”，充分发挥市场在资源配置中的决定性作用，更好发挥政府作用。习近平总书记在看望参加政协会议的民建工商联界委员时强调，“党中央始终坚持‘两个毫不动摇’‘三个没有变’，始终把民营企业和民营企业家当作自己人。要引导民营企业和民营企业家正确理解党中央方针政策，增强信心、轻装上阵、大胆发展，实现民营经济健康发展、高质量发展”。这些关于民营企业发展的重要论述，为民营经济实现高质量发展指明了方向。天津市委、市政府切实把思想和行动统一到习近平总书记关于民营企业发展的重要论述上来，坚持问题导向，对标先进，正视差距，从企业最关心的问题改起，出台《关于进一步优化民营企业发展环境 加大力度支持民营经济发展的若干措施》。立足后疫情时代企业发展的新需求、新态势，天津市委、市政府召开全市推动民营经济高质量发展大会，出台支持民营经济发展若干措施，切实为民营企业排忧纾困解难，推动民营经济经营主体持续增多、工业生产增速加快、服务业快速恢复、外贸出口形势喜人、税收贡献显著增加，民营企业茁壮成长，投资兴业纷至沓来，总体发展势头不断向好。

（一）只有进行时，没有完成时

中小企业是国民经济发展的“毛细血管”，广泛分布于细分领域、专注于产业链配套，以产业链供应链为纽带促进大中小企业融通、产学研协同，助力形成环环相扣的完整产业生态，成为保持产业链供应链稳定和竞争力的关键。中小企业既为广大人民群众直接提供了大量物质产品和服务，又成为吸纳和调节就业的“蓄水池”。中小企业稳则经济稳、就业稳、预期稳。营商环境真正转化为生产力、竞争力，中小微企业的作用尤为关键。中小企业的韧性是经济韧性的重要基础。然而，中小企业也具有市场敏感度高、抗风险能力偏低、议价能力不强、自有资金有限、社会融资困难等特点。对此，天津一方面坚持纾困和培育并举，着眼“急难愁盼”的具体问题，通过“实打实”的减税降费让利和金融支持等多项政策帮助在津中小企业纾难解困；另一方面着眼长远，印发《天津市提升中小企业竞争力若干措施》，引导如公共服务平台、示范平台等一

2021 年 9 月 15 日，中国（天津）非公有制经济发展论坛开幕

批社会化、市场化、专业化服务机构，为广大中小企业在津茁壮成长服务。在政策支持、中小企业自身努力之下，天津像挖宝一样，把成长性高、培养价值高的优秀中小企业挖进培育池，打造层层递进的专精特新中小企业储备资源。2020年，依据《优质中小企业梯度培育管理暂行办法》，天津评出创新型中小企业2770家。其中，1500家来自装备、电子、汽车、医药、金属、非金属等制造业企业，占比54.15%；技术服务业947家，占比34.19%。这些优质中小企业持续为天津高水平对外开放注入活力。

1. 纾难解困，恪守“亲”“清”二字

党的十八大以来，天津持续在全面构建“亲”“清”新型政商关系，畅通政企沟通渠道，健全涉企政策，听取企业家意见建议工作机制，在保持政策连续性稳定性上下足功夫。印发《关于进一步优化民营企业发展环境加大力度支持民营经济发展的若干措施》，要求持续破除市场准入壁垒，为企业留足发展空间、降低制度成本。依法依规动态调整政务服务事项，编制标准化操作规程，最大限度减少行政审批自由裁量权，实现同一事项民营企业和其他市场主体无差别受理、同标准办理。在政府采购活动中，天津同等对待民营企业，认真落实国家关于政府采购促进中小企业发展有关规定，将预留面向中小企业的采购份额提高到40%以上，其中预留给小微企业的比例不低于70%。鼓励对中小企业免收政府采购保证金、免费提供采购文件。完善招标投标交易担保制度，鼓励政府投资项目招标人分类减免投标保证金，进一步降低企业投标成本。制度要落到实处，观念上的转变是前提。天津充分发挥统一战线优势和工商联（商会）职能，把构建政企联系沟通“四个机制”（党政领导、政法机关、金融机构、政府部门与民营企业联系沟通机制）作为践行“亲”“清”新型政商关系、推动政企沟通常态化制度化规范化的具体举措，推动民营经济统战工作不断强起来、硬起来、实起来，持续推进全市中小微企业参与到高水平对外开放的建

设中。着力推动政企沟通常态化制度化规范化，聚焦中小微企业最关心、最迫切的现实需求，紧盯最突出、最直接的共性问题，从政策、法律、金融、人才等多个方面提供全方位的支持服务。各级党委和政府把支持中小微企业发展作为一项重要任务，不断优化服务体系，强化制度保障，形成工作合力。

2. 自我“造血”，推进数字化转型

“雪中送炭”的好政策可以帮助中小企业闯过一时的难关，但只有强化自我“造血”能力、“另辟蹊径”谋转型才能真正激发中小企业长久内生动力和创新活力，使生产经营更好的适应市场变化。当前，我国大力推进财税金融改革和数字化转型，政策、市场和技术更新速度快、专业化程度深。而这些对于中小企业来说，更加需要细致、深入和专业的服务。《天津市提升中小企业竞争力若干措施》的出台无疑是一场解决很多中小企业燃眉之急的“及时雨”。在第十八届中国国际中小企业博览会上，“如日中天　津彩纷呈”几个红色大字悬挂于展区最上方，其中字号更大的“天津”两字跳脱出来，极为吸引眼球。新天钢德材科技集团的手撕不锈钢、源泰德润钢管制造集团的方矩管、一飞智控的第三代无人机、华翼蓝天的航空器模拟设备、加美特电气的智能断路器……天津展区内的展品，无一不在展示着天津中小企业的风姿。这些企业的成功都得益于数字化转型。天津始终相信数字经济的生态系统中，只有打通中小企业，数字经济才能蓬勃发展。为此，天津从资金、技术、人才、市场等多方面积极扶持和引导中小企业加快数字化转型，立足“制造业立市”战略定位，由“点—线—面”逐步推进，鼓励中小企业使用成本较低的智能装备和系统，对传统制造装备、生产流程等进行数字化改造。同时，依托“天津市中小企业公共技术服务平台”，探索构建数字化生态协同平台，推动供应链、产业链上下游企业间数据贯通，资源共享和业务协同，助力中小企业从工业产品线向消费产品线延伸，从国内市场向国际市场拓展，提升产业链资源优化配置和动态协调水平。

3. 踢好跨境支付的“临门一脚”

中小型外贸企业作为中小企业出海的主力军，由于资金储备相对薄弱，在交付海外订单后，需要快速收回款项，否则可能直接影响企业的运转，所以对高效、安全、合规的跨境支付平台需求尤为迫切。传统结算方式信息共享难度大，而跨境贸易业务中间环节较多，数据标准不统一导致相互间数据难以连通，每笔交易需在各机构之间分别记录、清算和对账，易导致“重复清算”。加之，中小企业通常采用银行汇款、托收和信用证等安全性较高的方式进行交易清算，而传统跨境支付方式报关、汇款和收款时间整个周期较长，给中小企业带来资金周转压力。面对中小企业跨境支付的难题，天津大力推动政府服务、市场服务和资金服务集成式创新，通过建立“银行 + 政府 + 中介”联合服务机制，推动设立“跨境投融资综合服务中心”，积极谋划、主动作为、多措并举，打造跨境人民币国际化、跨境投融资便利化、外贸金融创新专业化、司法保障常态化等多维度机制建设，不断深化银政企合作，提升一站式跨境投融资政务服务水平。2023 年，单笔 66.5 亿元跨境人民币股利支付业务在天津落地。高水平的跨境投融资政务服务正在形成“蝴蝶效应”，让量大面广的中小企业缓过来、转起来，让天津经济的高质量发展“青山常在，生机盎然”。

（二）拓宽投资渠道，从鼓励到激励

投资是当前坚定实施扩大内需战略的重要抓手，对优化供给结构具有关键性作用。金融与产业链的协同发展是提升企业创新能力，形成助力企业成长长效机制的关键。专精特新企业是一批以专注铸专长、以配套强产业、以创新赢市场的主体。它们是中国制造的重要支撑，也是保障产业链供应链稳定的重要组成部分。近年来，专精特新企业成为银行业金融机构加大信贷投放、支持实体经济发展的重要服务对象。助力专精特新企业成长随之成为为民营经济创造更多发展机会的重点领域。

1. 企业"软实力"变融资"硬通货"

为解决高新技术和科技型企业个性化需求和企业所遇到的痛点难点，天津金融领域不断作出尝试。让科技型企业手中的"知产"变成"资产"。2022年，渤海银行与天津市知识产权局、天津市河东区政府签署知识产权金融战略合作协议，结合专精特新企业特点，在响应国家知识产权强国战略的同时，积极探索知识产权质押融资产品创新，让企业专利变红利。拓展民间投资项目融资渠道、引导金融机构积极支持民间投资项目、降低民营企业生产经营成本，着力为民营企业营造良好融资环境，持续推动企业降本增效。深入贯彻落实《保障中小企业款项支付条例》，用好违约拖欠中小企业款项登记（投诉）平台，及时处理拖欠中小企业账款相关投诉举报问题线索。强化竞争政策基础地位，健全公平竞争审查会审工作机制，对各类市场主体一视同仁、平等对待。依法查处滥用行政权力排除、限制竞争的违法行为。同时，市委统战部、市工商联与市委政法委、市高级人民法院、市检察院、市公安局、市司法局等单位密切协作，建立了法律维权服务机制和企业家法治服务中心，开展了座谈走访、法治沙龙、法律法规宣讲、"企业服务日"等活动。依托天津知识产权法庭，协调解决问题110余件，涉案标的额30亿元，帮助企业处理各类民商事纠纷4200余件，通过律师调解成功化解1190余件，为企业挽回经济损失逾9亿元，走出了一条具有天津特色的知识产权司法服务保障科技创新之路。

2. 强化金融精准滴灌

以金融力量深入助推产业链、创新链双向融合。制造业企业，特别是"专精特新"等高端制造业企业前期投入大、投资期限长等经营特点使很多企业在项目初期面临融资需求大、融资期限长的状况。聚焦民营企业融资难、融资贵问题，天津陆续启动专精特新企业“首贷户”支持行动，建立完善“专精特新库”共享机制，逐户摸排企业融资需求，鼓励银行机构创新“专精特新贷”等专属信贷产品，量身定制个性化金融服务方案，鼓励融资担保机构创新“专精特新担”“专精特新保”，降低企业融资担保费率，帮助企业提高信贷效率、降低融资成本、减缓资金紧张。发挥工商联联络协调优势和金融机构综合服务优势，通过建立合作机制、举办对接活动、推送金融产品，助力优化民营企业融资环境、规避汇兑风险、运用资本市场做强做优做大。近 3500 家民营企业与银行对接，其中 1461 家获得授信额度约 114.7 亿元，实际贷款 94.7 亿元，近 500 家企业依托“信易贷”平台获得授信额度近 3 亿元，14 万户小微企业和个体工商户入驻“智慧小二”服务平台，发放信用贷款超 12 亿元。围绕科创企业“轻资产、重智产”特点，渤海银行配合“一企一策”的定制服务，通过给予利率优惠、开辟绿色通道等诸多举措，以服务咨询、结算代发、科创贷款等一揽子配套服务建立起贯穿企业全生命周期的综合金融服务体系。2021 年 12 月，天津市工信局与天津滨海柜台交易市场股份公司（天津 OTC）共同建设区域性股权市场“专精特新企业上市后备板”，充分发挥沪深交易所、北交所和新三板天津基地的服务功能作用，在板块内部设培育层、成长层、精选层，对准专精特新企业的 3 个梯次，为在“专精特新企业上市后备板”挂牌企业提供投融资服务、规范辅导、上市培育、股权托管交易、股份制改造、股权激励等一站式、多维度、全周期综合金融服务，全力助推专精特新企业加快上市步伐。

3. 揭榜挂帅、以评促干

天津积极组织本市企业参与工业和信息化部人工智能等领域揭榜攻关工作，鼓励更多民营企业承担揭榜项目。围绕信创、生物医药、电子信息、车联网等重点领域，组织在津企业积极争取工业和信息化部产业基础再造，制造业高质量发展专项资金支持。以多笔外债共用账户支持企业跨境融资，放宽每笔外债需独立开户的要求，降低企业财务成本和“脚底成本”。搭建跨境融资渠道，构筑技术共享平台。在落实《鼓励外商投资产业目录》的基础上，为吸引更多外资研发中心落户，天津对投向先进制造业、科技创新、技术性服务业等领域的外资项目给予特别关注。相关外资项目的企业不仅可以办理进口自用设备免税手续，重点企业还可以申请研发中心免税资格。同时，为帮扶高新技术、专精特新企业搭建跨境融资渠道，天津积极向国家外管局争取外债便利化额度试点政策，完善与在津主要外国商协会周沟通、月例会制度，常态化举办外资企业政企交流活动，建立全市重大项目融资对接长效服务机制，鼓励引导基础设施领域项目通过不动产投资信托基金（REITs）、并购贷款、资产证券化、市场化债转股等方式盘活存量资产，扩大有效投资。截至 2023 年 5 月，国家外汇管理局批准天津开展高新技术和“专精特新”企业跨境融资便利化试点，符合条件的企业可在等值 500 万美元额度内自主借用外债。由于高新技术和专精特新企业净资产规模较小，按照全口径跨境融资宏观审慎管理政策测算的可借用外债额度往往很小，而在试点政策下，可借债额度大幅提高。

（三）买全球卖全球，点旺城市烟火气

京南花月无双地，蓟北繁华第一城。朝内，立足京津冀、辐射“三北”地区；朝外，连接东北亚、面向太平洋——天津，地处“两个扇面”的交汇点，拥有得天独厚的区位条件和资源禀赋。海河蜿蜒，见证这座城市因漕运而兴起，因制造而立市，因贸易而繁荣，因开放而走向世界。2021 年 7 月，经国务院批准，天津作为首批试点城市率先开展国际消费中心城市培育建设。聚焦“国际”、紧扣“消费”、突出“中心”，着眼京津冀协同发展战略“一盘棋”，坚持特色化、差异化培育建设方向，天津持续推进培育建设各项任务落细落实，找准优势谋

篇布局、有的放矢、精准落子，以通道带物流、以物流带经贸、以经贸带产业，聚焦“吃、住、行、购、服”等方面，强化“买全国、卖全国，买全球、卖全球”功能，提升消费便利度、舒适度、满意度，营造“近者悦、远者来”的消费环境，让消费者吃得开心、住得舒适、行得通畅、购得愉快，感受到贴心的服务，全力打造国际消费向往地、全球消费资源聚集地、全国知名旅游目的地。

1. 六种外贸新业态齐聚“津门”

抢先进入“跑道”，被赋予先行者使命，这是信任、是激励，更是一份沉甸甸的时代考卷。在纷繁复杂的国际形势下，在日新月异的市场环境中，一座千万级人口的超大城市如何求新求变，做好“买”与“卖”的大文章，需要天津用行动作答。市场采购、跨境电商、外贸综合服务企业、离岸贸易、海外仓、保税维修是国务院加快培育的六种外贸新业态。近年来，天津市跨境电商、保税维修、外贸综合服务企业等新业态新模式实现了较快发展，在促进传统产业转型升级、延伸产业链条的同时，也成为“买全球”“卖全球”的重要平台。买卖新业态的出现，反映出过去 10 年里天津消费场景的变化，也是津门消费提质扩容、扩大内需的重要表现。跨境电商不仅让企业货通全球，更让老百姓动动手指便可获取全球优质商品。随着跨境电商产业的快速发展，越来越多的传统生产型企业加入这一赛道。仅近两年，天津全市线上转型企业数量就超过 2000 家。为更好地触及消费者，跨境电商行业陆续出现以“直播 + 电商”“线上下单 + 线下展示”模式为代表的创新销售方式，为消费者带来更多新体验。2022 年，商务部等七部门新设 8 个市场采购贸易方式试点，天津市王兰庄国际商贸城名列其中。跨境电商的兴起让全球消费者如同进入了一座“超级购物城”，购物城的电子货架上摆放着来自天津生产的乐器、自行车、户外装备等产品，越来越多的“天津制造”顺势出海。同时，海外优质的化妆品、母婴用品、营养保健品等源源不断地进入国内千家万户，满足人们消费升级的需求。这些因素持续推动天津跨境电商产业的发展。在新冠疫情肆虐期间，天津跨境电商行业顶住压力，以产业园区为载体，加速发展直播电商、跨境体验店等创新模式，给人们带来更多“买全球”“卖全球”的新体验，成为京津冀协同发展的重要助推力量。

2. 新模式带来新体验

乘着直播电商的东风，天津本土品牌正加速出海。2022 年 8 月以来，在天津经开区已有郁美净、正兴德、利达粮油、津农精品、芦花海盐等多家天津知名品牌企业与天津抖音直播生态产业园达成业务合作。借助直播电商，郁美净连续数月在电商母婴赛道排名第一，月均线上销售额 150 万元；利达粮油则通过直播，将多个产品推上了爆款榜单。新业态也助推了产业的创新发展，阿里、京东、唯品会、亚马逊、eBay 等头部电商纷纷在津布局，传统企业线上线下业务融合的趋势愈加明显。在天津港保税区、东疆综合保税区等区域的跨境电商保税展示体验店中，消费者均可体验到“前店后仓”新模式下“买全球”的便利。自 2015 年以来，天津先后获批国家跨境贸易电子商务服务试点、跨境电子商务综合试验区、首批跨境电商 B2B 出口监管试点、首批国际消费中心城市培育试点，陆续集成了一系列先行先试政策，而跨境电商行业也从铺货、低价模式向精品、品牌化方向发展升级。围绕推进中国天津跨境电子商务综合试验区建设，不断在制度创新、产业发展、生态建设、创新创业等方面积累可复制、可推广的经验。以产业园区为载体，建强跨境电商产业生态，深入实施“产业带扶持计划”，将天津优势产业资源与跨境电商平台、商家以及园区优质服务资源对接，帮助产业带企业抱团出海。同时，在进口方面，继续鼓励业态模式创新，在中心城区、主要消费街区和景区景点开设更多跨境体验店，形成一批跨境电商直播基地。

3. 绘就大写意，画好工笔画

商贸文旅四位一体协同推进，打造国际化消费环境，强化开放促进作用。消费体现城市活力，促进城市繁荣，展示城市温度，其中“人气”必不可少。天津认识到，依靠单纯的商品买卖远远不够，还要不断促进消费结构升级，追求更全面的服务、更深层次的开放，以文化、旅游、会展等为抓手，打造鲜明的消费品牌和城市符号，把握新的“流量密码”。广纳服务消费优质资源，天津不能仅仅跟随，更要引领。为此，天津持续扩大海河国际消费季、海河文化旅游节、体育消费季等标志性活动影响力，同时，加快发展智能数字消费。加强同互联网头部企业合作，发展覆盖居民“衣食住行娱”个性化本地生活服务，加大智能终端产品供给，大力发展直播电商，引育 AR/VR、全息投影等数字信息技术消费场景，拓展数字人民币应用场景。作为服务业扩大开放综合试点，

美好生活·水滴夜市作为天津市海河国际消费季的重要组成部分，着力打造津城地标性夜生活商圈

天津不断提高服务业的开放水平，在市场准入、人员流动便利化、数据跨境流动等方面进行先行先试的探索。联通世界，你来我往，正在开启一场扩大开放的奔腾旅程。作为百年商埠，天津骨子里就带有开放的基因，建设国际消费中心城市，使这座城市与世界更加深度交融。站在更高层面谋发展，提升城市发展能级、激发强劲内生动力，天津的未来更加令人期待。

四、世界舞台天津用，架起“一带一路”黄金支点

开放是新发展理念的重要内容。过去中国经济的发展是在开放条件下取得的，未来中国经济实现高质量发展也必须在更加开放的条件下进行。在改革开放第45个年头，“一带一路”倡议提出10周年，贯彻落实党的二十大精神的开局之年，以习近平同志为核心的党中央矢志不移为对外开放这一基本国策赋予新时代的新内涵。在深入推进京津冀协同发展座谈会上，习近平总书记要求京津冀3省市“打造全国对外开放高地”。字里行间，饱含着对蹚出开放新路的殷殷期许，更蕴含共建开放型世界经济、胸怀天下的大党大国责任担当。地当九河津要，路通七省舟车。百年以前，天津开埠通商，成为连接中国华北与国际市场的重要枢纽，成为北方最大的金融和商业中心。在开放的全球化时代，特殊的区位优势，使得天津如虎添翼。身处海陆交汇点的天津，在参与中蒙俄经济走廊和中巴经济走廊建设，建设境外经贸合作区等方面有着诸多让人惊艳的亮点：对接“一带一路”国家发展需求，与14个国家20多家机构联合成立“一带一路”科技创新合作联盟，“鲁班工坊”项目，更成为天津对外的标志性品牌。用开放的眼界，开放的思维，继续开拓天津发展的大格局，在对外开放和参与“一带一路”建设中，天津不断扩大开放的广度和深度，积极参与经济全球化和区域经济一体化。活力之城、开放之城，高水平对外开放的“行动派”——天

津，名副其实。

（一）天下港口，津通世界

春潮涌动渤海湾，港口雄开万里流。天津港是京津冀和“三北”地区的海上门户，也是天津的重要资源和“硬核”优势，更是“一带一路”建设的重要支点。2019 年 1 月 17 日，习近平总书记视察天津港时强调：“要志在万里，努力打造世界一流的智慧港口、绿色港口，更好服务京津冀协同发展和共建‘一带一路’。”胸怀两个大局，心系“国之大者”，习近平总书记不仅为天津港标注了新的历史方位，更赋予天津港新的时代使命。作为服务全面对外开放的国际枢纽港，天津港不断提升智能和绿色发展水平，争当建设中国式现代化港口的排头兵。5 年来，天津始终高举中国特色社会主义伟大旗帜，坚定沿着习近平总书记指引的方向，朝着世界一流港口高峰奋勇攀登，以高度的历史主动阔步向前。从破土而生到大

天津港北疆港区 C 段智能化集装箱码头

潮涌动，从澎湃奔流到奋楫扬帆，从艰难起步到智慧领跑，从辐射八方到津通天下，背靠津城的天津港，正蓬勃兴盛，长兴而长盛。

1. 以"智"变创"质"变

舍弃粗放型"体量效应"的百年大港，于日月轮转中破茧重生，天津港奏响了一曲向海图强、以"智"变创"质"变的新乐章。从天津港七彩廊桥远眺，12 台远控岸桥、42 台自动化场桥、76 辆智能水平运输机器人（ART）在 C 段码头上井然有序地协同运行。天津港联手华为，共同打造了"5G+L4"级自动驾驶的全新技术方案。在北斗导航引导下，智能水平运输机器人可以实现动态厘米级高精度定位。10 万多个各类传感器，覆盖生产设备、能源管理、楼宇智控、园区辅助等方面，"大数据中心 + 边缘计算"的物联网技术让码头如虎添翼。连通"人、车、箱、船、机、场"六大要素，天津港按下了"港口万物智能互联时代"的快进键。2022 年，C 段智能化集装箱码头最高的船舶平均作业效率达到每小时 36 自然箱，单桥吊的平均运行效率提高了 20%，单箱的综合能耗降低了 20%。从全球首个单体集装箱码头全堆场轨道桥自动化升级改造完成，到全球首创传统集装箱码头全流程自动化升级改造项目全面竣工；从关港集疏港智慧平台等服务上线，拓展"船边直提""抵港直装"业务模式，到外贸集装箱船舶直靠率达 96%，作业效率居全球领先水平，天津港"智慧"码头攻克了 13 项世界难题，用"津港样板"和"中国方案"引领全球自动化集装箱码头进入 2.0 时代，在全球打响了"津港效率"的金字招牌。

2. 以碧海蓝天享千帆竞渡

对于一个高耗能行业来说，实现绿色脱碳犹如巨轮转身。标准化、信息化、自动化、智能化建设是天津港数字转型、降低能耗的前提，但统筹推进业务、能源、运输、空间等各领域结构调整对于绿色港口的建设更为关键。聚力绿色低碳、生态优先，天津港加快能源结构低碳化。大力发展清洁能源，推进集中式防波堤风电项目。能源消耗侧，C 段码头不断优化港口用能结构，水平运输车辆升级，智能水平运输机器人、电动集卡替代传统柴油集卡，氢燃料电池集卡投入生产运营。储能侧，储能电站与电动集卡充电站一体化，通过“风光储荷一体化”能源系统，电量并入主网，进而实现整个码头 100% 使用电能，电能 100% 来自风电光伏，绿色电能 100% 自产自足用风光绿电给电池箱完成充电，一套零碳化的生产场景就此实现闭环。如此，天津港码头能耗较传统集装箱码头下降了 17%，实现了能源生产和消耗两侧的二氧化碳零排放。往昔船舶靠岸的黑烟滚滚已变成如今天津港碧海蓝天的波光粼粼。2022 年，天津港碳中和证书的颁授，标志着全球首个“零碳码头”闪亮登场。天津港的探索在破解自身发展瓶颈的同时，也为全球港口转型提供了新思路、找到了新出路。

3. 以融合发展驶向新蓝海

作为“河海要冲”，2023 年天津主动把握融合之势、优势之能、发展之机，立足天津港战略资源和“硬核”优势，以服务国家战略为己任，出台《港产城融合发展行动方案》并配套制定任务清单，谋划提出 101 项未来 5 年重点推动建设的项目。树立“大港口、大开放、大循环”理念，出台《天津市促进港产城高质量融合发展的政策措施》，以港口为核心、以“津”“滨”双城为载体、发展港口经济的思路，积极引入航运、贸易、物流企业及航运服务企业在津发展；搭建京津产业交流合作对接洽谈会的天津港专场、客户恳谈会、土地资源推介会等交流平台，凝聚京津冀产业合力；携手北京 CBD 管委会、朝阳区海关，共同设立北京 CBD－天津港京津协同港口服务中心，前置港口物流服务功能；与河北港口集团签署《津冀世界一流港口联盟合作协议》，不断深化津冀港口务实合作。天津从完善船舶服务、延伸港口重点货类贸易链产业链、促进港航数字化升级三方面出发，鼓励船舶修造产业发展、鼓励保税船供业务发展、鼓励口岸大型外贸主体落户发展、鼓励优质商品进口、建设港航数据平台和交易平台，以港兴城，集约打造特色片区。于高山之巅，方见大河奔涌；于群峰之上，更觉长风浩荡。作为京津冀“海上门户”，30 万吨级通用码头升级工程竣工投产，高沙岭港区航道通航等级跃升至 2 万吨级，南疆港区铁路扩容工程开通运营，港口基础设施能级不断提升，依港口、聚资源、兴城市，一座宜居、宜业、宜游、宜乐的世界级港口城市正在加速建设。

（二）天下英才，近悦远来

不拒众流，方为江海。党的二十大报告强调：“教育、科技、人才是全面建设社会主义现代化国家的基础性、战略性支撑。”从领航新兴领域蓬勃发展的高层次人才，到匠心报国筑梦未来的技术技能人才，再到随着城市协作不断深化涌现的跨区域流动人才，天津持续推动人才队伍结构不断优化、素质不断提高，用情用心用力奏响人才“引育用留”四部曲。全面贯彻党的二十大部署，天津市委、市政府聚焦“四个面向”，制定《科教兴市人才强市行动方案》，以服务天津高质量发展为主线，对教育、科技、人才一体化思考、一体化设计、一体化实施，发挥政策、资金、项目、人才的集成效应，全力打通“教育、科技、人才、产业”一体推进通道，以教育强、人才强、科技强推动产业强、经济强、竞争力强。

1. 构筑人才“新生态”

建设人才平台、院士专家工作站、博士后工作平台和留学人员、海外人才创新创业标志性区域，天津通过“海河英才”行动计划、“智汇津门”计划，加快集聚高层次人才、急需紧缺人才和青年人才为推动经济高质量发展提供有力人才智力支持。功以才成，业由才广。天津坚持引进和培养两手抓、人才和团队一起引，对不同类别的人才分别给予相应的政策支持。在青年科技人才培养专项中，探索建立科研导师和产业导师“双导师”模式，把科研资源和产业资源导入人才培养过程，促进校企联合育才，不断提升人才服务发展能力。聚焦高层次人才培育特征，抓好向用人主体授权，实行科学家、企业家人才项目举荐制度，下放职称评审权，把“人才”决定权交给用人主体。针对领军人才、杰出人才，支持高校、科研院所实行年薪制、协议工资制，支持科研人员兼职取酬、离岗创业，激发人才创新创业活力。发挥高校学科和科研优势、园区产业优势，开展高校和园区干部人才双向挂职。为打通各类人才成长“天花板”，天津坚持以产业为中心，构建符合产业发展特点的职称专业体系，让“土专家”“田秀才”登上大雅之堂，“让种麦子的人吃上白面”。为形成人才生态的良性循环，让广大人才在津安心工作、顺心生活，天津推行“海河英才”卡制度，提出居留、出入境、社会保险、创业扶持等 15 项服务措施，让人才与天津相向而行。

2. 架起人才“高速路”

天津拿出真金白银引才留才，更拿出真情实感尊才重才。作为教育部确立的首个“国家职教改革试验区”，全国唯一的“国家职教改革创新示范区”、“国家现代职教改革创新示范区”、以“标杆”命名的部市共建国家职业教育创新发展高地，天津持续强化政策支持，保障投入力度，营造创新发展氛围。以“五育并举”为引领，天津坚持立德树人、德技并修，推动思想政治教育与技术技能培养融合统一。以“五业联动”（产业、行业、企业、职业、专业）办学模式，健全产教融合机制，推进首批国家产教融合型试点城市建设。不断深化产教融合，通过“赛、展、会、盟”聚才育才，建立现代学徒制，为制造强市培养高质量技术技能人才。创新揭榜领题机制、实施“海河工匠”建设工程、承办第二届全国技能大赛，厚植人才成长沃土；通过推进职称制度改革，构建“一链一策”职称专业体系，激发人才创新创造活力。助力京津冀职教协同发展，推进巩固拓展脱贫攻坚成果与乡村振兴有效衔接。天津 54 所职业院校对口支援 7 省市 27 个州县，构建“五共机制”，推广“五方携手”搭建产教对接平台 12 个，协作援建承德应用技术职业学院，建设天津交通职业学院青龙分校、天津职业大学威县分校和天津职业大学雄安新区培训基地。

3. 广建教育“朋友圈”

“鲁班工坊”是天津依托自身教育优势原创的国际职业教育合作品牌。2016 年 3 月以来，天津在亚非欧 20 个国家设立了 21 家鲁班工坊，致力于培养合作国家熟悉中国技术、了解中国工艺、认知中国产品的技术技能人才。与当地合作培养职业技术人才，广受欢迎。标准化、模块化是鲁班工坊的突出特点。采取“学历教育 + 职业培训”方式，采用工程实践创新项目（EPIP）教学模式，鲁班工坊建设实训中心，提供先进教学设备，组织中国教师和技术人员为合作国家当地教师开展技能培训，采用校际合作、校企合作和政府间合作三种模式，形成一套包括定位和宗旨、办学基础、场地建设共 8 项一级指标、26 项二级指标和若干具体观测点在内的标准。2020 年底，由 72 家院校、企业、科研机构和社会组织组成的鲁班工坊建设联盟成立。依托鲁班工坊建设联盟，运用中国职业教育的理念、标准，形成一套可供借鉴的模式和路径，向世界传递中国职教推动区域可持续经济增长、减贫脱贫的实践样本。截至 2022 年，在天津市已建成的鲁班工坊中，已有 3000 余人参加学历教育，培训规模超 1.1 万人。鲁班工坊涉及的 49 个专业有 11 个国际化专业教学标准获得合作国教育部批准，被纳入其国民教育体系。

（三）以会促商，共话未来

展会是观察经济发展活力潜力的一个重要窗口，也是现代服务业的重要组成部分。习近平主席在第五届中国国际进口博览会开幕式上明确指出："增强国内国际两个市场两种资源联动效应，不断以中国新发展为世界提供新机遇，推动建设开放型世界经济。"作为开放型经济体系的重要平台。会展业诠释了"海纳百川，有容乃大"的中华精神，讲述了"美人之美，美美与共"的世界大同，体现了中国诉求和世界希望。从城市发展看，会展业是国际大都市的重要发展指标之一。随着国家会展中心的落户，天津成为国内第三个拥有国家级现代化展馆的城市。秉持"办会是为了办事"的理念，天津以会兴业，以展兴城，把办会的落脚点体现在促进城市发展上。从夏季达沃斯论坛到世界智能大会，天津对全球经济影响力更强，与全球产业的连接更加紧密，天津打造的"会展经济"成为中国融入全球发展的缩影，也让天津在更加广泛的国际合作中不断腾飞。

1. 七次牵手"夏季达沃斯"

作为中国北方最大的沿海城市，天津始终走在对外开放和创新发展前沿。一场世界之约七次牵手让世界瞩目中国、瞩目天津。发挥"主场作战"优势，以夏季达沃斯为窗、为媒、为桥，天津广交朋友、虚心学习、汲取智慧，积极推介资源、共谋合作之道、共享发展机遇。在开放中发展，以开放促发展。推进高水平对外开放，天津始终坚定不移。利用夏季达沃斯论坛契机，天津主动邀请智能科技、生物医药、新能源、新材料等重点发展产业中的跨国公司、龙头企业来津参加各类经贸活动，广泛建立联系，推动投资合作，助推会展业和重点发展产业深度融合发展。通过举办"跨国企业领袖交流会"和专题企业家交流活动，邀请世界500强和全球领军企业高层、天津工商界嘉宾、有关区域招商部门负责人等参会，推介天津投资环境，搭建洽谈合作对接平台，按照新势力、新赛道、港口经济、平台类、服务类（金融、技术）、消费类、文旅类，以及新能源汽车、车联网等新兴产业方向开展针对性的招商引资活动。七次夏季达沃斯论坛不仅是天津的各级政府和企业开展国际招商引资的重要平台，更成为驻津企业学习先进技术和经验、了解海外市场和投资机遇的重要窗口，对中国投资者、天津投资者走出国门，更好地利用国际国内两个市场、两种资源具有积极意义。

2. 七届连办打造“城市会客厅”

七届世界智能大会一步一个脚印，天津智能科技产业走出了新路。以党的二十大“加快建设网络强国、数字中国，促进数字经济和实体经济深度融合”为行动纲领，以世界智能大会等高级别展会为契机，天津聚焦高端装备、新能源、航空航天等 12 条产业链，利用 5G 网络、算力网络、车联网等新一代信息技术，持续赋能传统产业数字化、智能化、绿色化转型升级；以一场智慧盛宴为引力，联动政、产、学、研等几方面重量级嘉宾，汇聚优质创新资源，梳理人工智能、大数据、智能制造等产业的发展方向，不断深化产业合作、强化应用推广、拓展实践领域，扩大国际科技交流合作，逐步打造出具有全球竞争力的开放创新生态。未来已来，唯变不变。积极吸引国际高端要素，2023 年第七届世界智能大会期间，天津共签约亿元以上重点项目 98 个，其中内资项目 87 个、外资项目 11 个，协议总金额约 815 亿元。嵌入全球经济合作，深化国际交往交流。智慧成果在这里聚集，共享共赢在这里实现。开放，已融入天津血脉，成为城市精神。应用政策解读、项目发布、产业培训、融资对接、项目路演、商务沙龙等多元化形式，天津不仅在展会举办期间，全方位打造对接交流平台，更充分发挥会展的“强溢出”效应，在“多维度、标识度、满意度”上下功夫，持续创新模式，不断扩大规模，升级完善服务保障体系，在大会非会期持续为企业和政府部门提供洽谈桥梁，打造天津的“城市会客厅”。

China
瓷房子

第六章

务实进取：安居乐业的民生画卷

人民对美好生活的向往，就是我们的奋斗目标。历史的车轮一路向前，回眸十载，目光所及，皆是温暖。2013 年 5 月，习近平总书记视察天津时，对天津工作提出“三个着力”重要要求：着力提高发展质量和效益、着力保障和改善民生、着力加强和改善党的领导，加快打造美丽天津。“三个着力”重要要求为天津做好民生工作指明了努力方向。十年来，天津始终把让人民生活幸福作为“国之大者”，顺应民心、尊重民意、关注民情、致力民生，努力使全体海河儿女早日过上物质丰裕、精神丰盈、环境优美、民生保障体系更加完善的美好生活。十年来，从“富口袋”到“富脑袋”，从产业优到环境美，人民群众获得感、幸福感、安全感更加充实、更有保障、更可持续，天津以实际行动绘就了宜居宜业现代化大都市的幸福画卷。

一、扎实推动共同富裕，更好满足人民群众高品质生活新期待

（一）高站位谋划，唱响高品质共富最强音

党的十八大以来，以习近平同志为核心的党中央准确把握发展阶段新变化，把逐步实现全体人民共同富裕摆在更加重要的位置，深刻回答了为什么要推进共同富裕、如何推进共同富裕、实现什么样的共同富裕等重大问题，强调消除贫困、改善民生、实现共同富裕，是社会主义的本质要求，是我们党的重要使命。“在全面建设社会主义现代化国家新征程中，我们必须把促进全体人民共同富裕摆在更加重要的位置”“要坚持以人民为中心的发展思想，在高质量发展中促进共同富裕”“全体人民共同富裕取得更为明显的实质性进展”……在开启全面建设社会主义现代化国家新征程伊始，习近平总书记在一系列重要讲话中强调共同富裕问题，充分彰显了我们党在新征程坚定不移促进共同富裕的决心，让亿万人民更清晰地看到了实现共同富裕的美好前景。

党的十八大以来，天津市先后开展了两轮结对帮扶困难村工作。特别是 2017 年 8 月，在圆满完成上一轮结对帮扶工作的基础上，结合天津到 2020 年全面建成高质量小康社会目标，天津市又启动了新一轮结对帮扶困难村工作。全市 789 家单位的 2095 名干部，组成 688 个工作组，精准确定 1041 个相对困难村作为帮扶

对象。截至2020年底，1041个困难村全面达到“三美四全五均等”帮扶目标。结对帮扶工作得到了广大农村基层干部和农民群众的认可，为全面实施乡村振兴战略打下了坚实基础，为全国打赢脱贫攻坚战贡献天津作为、天津力量。2022年6月，天津市第十二次党代会报告明确提出“促进共同富裕，更好满足人民群众高品质生活新期待”。天津市委、市政府部署实施的“十项行动”提出，“实施高品质生活创造行动，要坚持以人民为中心的发展思想，推动现代化建设成果更多更公平惠及全体人民，持续增进民生福祉，促进人的全面发展，推动共同富裕取得更为明显的实质性进展”。这是对人民美好生活新期待的积极回应，也是天津广大党员干部的初心使命和责任担当。高品质的共同富裕意味着天津人民生活更加美好，教育更优质，工作更稳定，收入更满意，保障更可靠，就医更便利，住房更舒适，环境更优美，精神文化生活更丰富。每个人都共同享有勤劳致富的机会，共同享有发展进步的机会，共同享有人生出彩的机会，共同享有梦想成真的机会。

（二）高标准推进，共同富裕成效显著

一是党建引领打造共同富裕红色引擎。天津始终把选优配强困难村“两委”班子特别是村党组织带头人作为帮扶重点工作，推动1041个困难村实现百分之百换届、百分之百村党组织书记和村委会主任“一肩挑”，强化党组织的领导地位和轴心作用，把党的全面领导“一根钢钎”插到最基层。

二是“三个关键”抓实农民增收。紧紧抓住工资性收入、经营性收入、财产性收入“三个关键”，大力实施就业帮扶，落实就业帮扶“8措”，组织职业技能培训，实现困难村有就业意愿的劳动力就业服务全覆盖。大力实施技术帮扶，充分发挥技术帮扶组作用，广泛开展农民教育培训。帮助引进农业新品种及实用新技术，引导农民调整农业产业结构，经营性收入大幅增加。

三是筑牢“底部防线”保障困难群体生活。全面实施“筑基”工程，“8+1”

的社会救助机制全面落实，对困难村低收入困难群体全部建档立卡，实现“应保尽保”。落实19项教育资助政策，实现困难群体在校学生“应助尽助”，为困难村建设幼儿园。对困难群体全部实行家庭医生免费签约服务，全额资助参加城乡基本医疗保险，实现“应救尽救”。实施住房安全工程，对低收入困难群体住房进行危房改造，实现“应改尽改”。

四是产业融合发展程度显著加深。始终坚持实施协调惠农，大力促进一、二、三产深度融合发展，积极扶持农产品深加工、乡村旅游等产业，不断实施产业融合载体建设，乡村产业融合持续发展。逐步构建以产业集群为骨干、现代农业产业园为引擎、农业产业强镇为基础、“一村一品”特色示范村为亮点、市区镇村梯次布局、点线面带协同推进的现代乡村产业体系，推动天津市乡村产业向着形态更高级、布局更优化、结构更合理的目标不断迈进。截至2022年9月，天津市累计争取国家农业产业融合发展项目中央财政补助资金8亿元；创建宁河、宝坻、滨海新区和武清区4个国家级现代农业产业园；创建奶业、生猪两个国家级优势特色产业集群；创建出头岭镇、辛口镇、双街镇、梅厂镇、小站镇、岳龙镇、台头镇和下营镇8个国家级农业产业强镇；培育了辛口镇小沙窝村等43个全国“一村一品”示范村镇。

案例一：天津市宝坻区西刘举人庄村——激活美丽经济，迈向共富快车道

西刘举人庄村隶属天津市宝坻区大口屯镇，曾经人穷地少，毫不起眼，全村有82户319人，耕地面积仅300余亩，农业不强，其他产业不发达，大多数村民靠外出打工谋生。若不是县级公路在村口拐个弯，很少有人注意到它的存在。

王志广是土生土长的西刘举人庄村民，原本在外做服装生意，踏实勤奋、头脑灵活。2012年，王志广当选为西刘举人庄村的“当家人”，也挑上了带领村庄发展、带领村民致富的重担。村子要啥没啥，怎么发展？王志广感叹："那会儿，村里还欠了 10 多万元的外债。村里的土路下雨天都是泥，要是没有雨鞋，两腿根本迈不出去。"

如何带领全村人民脱贫致富成为王志广不得不面对的头等大事。一次外出到云南，王志广发现当地玫瑰种植经济效益高。西刘举人庄村能不能种？王志广动了心思，他开始留意玫瑰种植产业，在网上查资料，到云南昆明和山东寿光、菏泽等地考察学习。

"一亩地护理得好，可亩产 800 多斤玫瑰花蕾，一斤能卖 10 多块钱。"在山东平阴，王志广发现了适合本村的玫瑰种植项目。随后，他又邀请山东和天津农科院专家到村里实地考察，调研西刘举人庄村的气候和土壤，选定栽种品种。

"就这能挣钱？"村民们觉得种玫瑰的想法简直异想天开。当王志广激情满怀地召开村民代表大会，动员老百姓种植玫瑰花时，会还没开完人就走了一大半。

王志广决定自己带头种，2013 年末，他流转了 20 亩土地，投资 100 余万元，在西刘举人庄村栽下第一批玫瑰苗。玫瑰苗木第一年种下，第二年、第三年花朵压枝丫。春夏时节，玫瑰花开满田野，香气四溢惹人醉，眼看着王志广种植的玫瑰园订单越来越多，老百姓也纷纷主动要求种植玫瑰花。为了壮大村集体经济，带领村民致富，王志广带领村"两委"创办玫瑰种植基地及加工厂，形成了集种植、生产、加工、销售于一体的全产业链，带动 100 多人就业，村民增收。现在，全村玫瑰种植近千亩，近 150 户村民参与，年轻人也陆续回村参与这个"浪漫"产业。如今的西刘举人庄村大力发展食用玫瑰种植项目，摇身一变成了远近闻名的"玫瑰村"，村民们的日子也越过越好，几乎每家都有小轿车，通达的水泥路、明亮的路灯、全新的健身广场……

村民们的日子过得有奔头，满足了人民群众对美好生活的新期待。

西刘举人庄村走高质量共同富裕之路的经验总结：

一是党建引领，建制与善治相结合。

为了实施农村移风易俗工程，村里建立了红白理事会、村民议事会、道德评议会、禁赌禁毒会，引导村民自觉遵守践行乡风文明。破“结团”，立“团结”。近年来，村里坚持建制与善治相结合，普遍适用与分类推进相结合，解决问题与长效机制相结合。近三年，支部班子成员平均每人每年入户 180 天，参加劳动 30 天。先后解决了自来水管网、污水管网、“煤改燃”、厕所改造等重点工程项目中的各类问题 100 余件。通过 QQ、微信群等现代化通信方式，实现外出党员和村民代表参与讨论、发表意见，解决了人口流动造成的会议召集难问题，村民参与乡村治理的积极性提高了。村务透明了，群众心里亮堂了。该村先后获得了农村人居环境整治示范村、天津市健康村的美誉。

为了改善人居环境，村里全面整修道路，还在当地率先修建了村内道路的下水管网。村民们说，“村子整修之后，即使在下雨天出门也不用发愁了。没修之前家门口全是泥，一下大雨，家门口进来半截水。现在排水好了，雨大鞋不湿。”如今，西刘举人庄村率先在全镇实现垃圾分类；农村人居环境整治取得显著效果，改造提升户厕 80 间、公厕 1 间，农村卫生厕所普及率实现 100%，规模化畜禽养殖粪污治理率 100%；配置的老年日间照料中心，每天都有党员参与服务，同时还为全村 65 岁以上老人提供免费午餐。

二是垂直深耕，构建全产业链发展。

种植玫瑰花步入正轨后，依托玫瑰园，种植基地还建起了 130 亩的苗木基地和 60 亩的采摘园。王志广引导村民利用剩余的耕地培植绿化苗木，提高综合收益。为了做大做强玫瑰花产业，种植基地还办起了食用玫瑰加工厂，新采摘的玫瑰花经过分拣、铺排、烘干等步骤做成玫瑰花茶，还有玫瑰花饼、玫瑰花纯露……如今玫瑰种植园已形成了集种植、生产、加工、销售于一体的全产业链，吸引更多农户加入其中。

任克莲，西刘举人庄村村民，也是村里玫瑰种植的带头人，如今已是天津市广晟玫瑰种植专业合作社理事长。她说："合作社种植的玫瑰花是药食同源的品种，不仅可以观赏、食用，还广泛用于药材、香料加工。现在有 3 个基地，一天采摘量有三四千斤。今年销路特别好，通过订单式和线上相结合的方式，我们将玫瑰花等产品销往全国。"

依托玫瑰特色产业，2022 年，大口屯镇对西刘举人庄村 500 亩土地进行流转，全部种植药食同源玫瑰，进一步壮大村集体经济，2021 年村集体收入达到 30 余万元，也带动了周边 300 户农户的劳作收入，这其中就有来自邻村的村民何礼。他说："天天闻着花香，摘花、锄草都不累，挣钱也不少。日子比之前好过多了。"

三是前景广阔，两驾马车双轮驱动。

"这个项目产业收益很好，带动了周边农户的劳作收入。后续我们仍要把发展现代农业作为实施乡村振兴战略的重中之重，坚持走特色产业之路，扩大玫瑰产业规模。通过'党建＋''党员＋'模式，深化利益联结机制，把群众组织起来一起跟着党支部走、跟着市场走。在以玫瑰花种植为主的基础上，又积极引进山东经验，发展了生姜种植项目，后期还将拓展生姜加工、存储、外销等'全链条'市场。两驾马车齐动，一同带动乡村振兴。"王志广说。

"接叶连枝千万绿，一花两色浅深红……别有国香收不得，诗人熏入水沉中。"宋代诗人杨万里的《红玫瑰》，几句诗词便将玫瑰的色香味美，以及大自然对玫瑰的偏爱描述得淋漓尽致。西刘举人庄村，未来仍将保持对玫瑰的热爱和专注，发挥经济效益，在实现高质量共同富裕道路上，为推动乡村全面振兴和镇域经济高质量发展提供新的产业支撑。

案例二：西藏昌都市贡觉县曲卡村——共同富裕道路上的天津担当

在东西部扶贫协作和对口支援工作中，按照中央统一部署，天津市结对帮扶甘肃、河北承德、新疆和田、西藏昌都、青海黄南的50个贫困县、3904个贫困村、建档立卡贫困人口335.65万人。天津市坚持把扶贫协作和对口支援任务，列入重中之重，摆到重要位置，纳入重要议程，各级书记负责，全市各方全力推进，形成了社会各界共同参与的大扶贫工作格局，截至2020年底，天津市结对帮扶贫困县全部脱贫，而脱贫摘帽后，在走向共同富裕的道路上，“天津力量”在这里的故事还在继续……

西藏自治区昌都市贡觉县东南方延绵不绝的山谷之间，两条公路在谷中汇合，交汇处，一个小村庄坐落于此，这就是曲卡村。沿路修建的藏式房屋都是两层建筑，楼上是住宅，临街的一层则是底商、茶舍、餐馆、修车店……一个个店铺组成了一条功能齐备的商业街，是沿途旅人歇脚的地方。

时光倒退回3年前，这里还是一个“房屋挂在山坡上”的村庄——因为地处山谷、地势倾斜，村中房屋都建在坡地上，从对面的山顶上回望，村子就像挂在山坡上一样。因独特的地形所致，常年多发地质灾害，村民居住条件差，很多房屋都处于危房状态。

2019年7月，天津市宁河区投资1600余万元，启动了曲卡新村建设项目，将原先由石块和土坯搭建的民房拆除，进行统一规划，建成全新的房屋。因为地处两条交通要道的交汇处，交通便捷有利于发展商业，从设计规划之初就考虑到未来扩展村庄的功能，将民居都建成二层小楼，从而多出了 1000 多平方米的商铺。2020 年初，曲卡新村建设项目竣工并通过验收，全部村民都住进了新家。

曲卡村旧貌换新颜

走进曲卡村，混凝土铺就的道路平坦整洁，再也不是往日的土路坑洼不平；过去飞土暴扬的空地，现在变成红色路砖铺建的村民广场，一侧还竖立着“天津援建曲卡新村”的纪念碑；一栋栋藏族风情的二层小楼，红白相间格外漂亮，再也找不到往昔原石土坯旧屋的影子……美丽的村容，在蓝天白云的映衬下，不论远观还是近看，一步一景，随手拍照都能当作电脑的桌面。

可是，之前的曲卡村是出了名的贫困村，更因为地势原因，造成村民居住条件非常差。“我们刚来走访村民时，发现房屋都是用野外采集的原石垒起来的石墙，然后再用土坯让它们不松垮。因为是石头垒墙，所以房屋都是四面漏风，西藏的冬天非常冷，住在那样的房子中连保暖都很难做到。”赵丰波一边回忆着当时的画面，一边用双手比画着差不多有西瓜大小的建房石头，“令人印象深刻的是，在坡地上方的一户村民，因为背靠陡坡，除房子漏风外，只要遇到雨天，雨水就会沿着山坡流下来，屋子渗漏严重不说，还随时会有发生滑坡的危险。”

为了让村民住上坚固结实的房子，切实提升生活品质，贡觉工作组抓紧建设进度，在宁河区的各项支持下，经过不到一年的时间，曲卡村 21 栋新居全部建成入住。“曲卡新村在建设前期进行严格规划，在立足现状、保留特色风貌的前提下，拆旧建新，体现出村庄地域特色和民族特色。新建的房屋都是两层楼房，一层可以当作底商使用，抗震级别能达到 7 级。‘四好农村路’也同步建设完成，通村公路和村内主要干道连接在一起，村内道路硬化总里程约 2.5 千米，完成了 20 亩的村庄绿化面积。看着新房一点点盖起来，村民对工作组的感情也越来越深。每次工作组过来，村民们都拉着我们的手迎进临时居住的帐篷中，把靠近火炉最暖和的位置留给我们，虽然家里都不宽裕，但仍然坚持要把自己最好的牛肉拿出来分享，”赵丰波提起和村民的交流，一帧帧画面记忆犹新，就像讲述着刚刚发生的事情一样，“我印象非常深的一件事是，曲卡新村交钥匙的那天，刚才提到的建在坡地上、房屋漏风漏雨的那户村民，领到钥匙的时候非常激动，紧紧握着我的手好久都没有放开，一直不停地用藏语说着‘谢谢’。因为他不自觉地用力太大，捏得我手都疼了。他脸上那高兴的神态和双手传来的温度，我至今记忆犹新。每当想起，就觉得付出的努力、克服的困难，这一切都值了。”

曲卡新村改造后，给村民的生活带来了翻天覆地的变化——现在的曲卡村，村内墙体干净整洁，再也看不到杂物乱堆乱放、垃圾乱堆乱扔、污水乱泼乱倒；新建了党群活动中心和宽敞整洁的文化广场；为了村民晚间出行便捷，还新安装了太阳能路灯；针对农村饮用水安全，实施巩固提升工程，保障饮用水源充足、供水正常、水质达标；全村电力纳入国家电网，供电正常，能满足村民生产生活需要；移动、电信信号覆盖全村，4G 网络和宽带使用通畅，信号稳定；全村宅基地、土地、草场完成确权登记颁证，颁发农村宅基地证 28 本，土地（耕地）颁证 24 本，草场承包到户颁证 26 本，林地颁证 26 本。

共同富裕道路上天津担当的缩影

贡觉工作组组长董卫军，是 2019 年 7 月工作组换届时跟随天津市援藏队伍一起来到西藏的。当年8月，曲卡新村项目就启动建设了。为什么这么快，是不是工作组仓促上马援建项目？实际情况正相反，包括曲卡新村等一批援建项目的论证、规划、申报工作，早在工作组进驻之前就已经有条不紊地进行着了。

“昌都市贡觉县是宁河区的对口支援地区，早在派驻工作组之前，两地就开展了深入的沟通工作，并确定了新一批援建项目。之后的规划、申报等前期工作，大部分在工作组抵达西藏时就已经完成，所以援建项目才能进展得这么快，”董卫军说，“因为前期准备工作细致到位，我们到了之后很快就能开展工作，曲卡新村建设项目用了不到一年的时间就顺利完工，2020年初，曲卡村民就都领了钥匙住上新房了。”

天津市援藏贡觉工作组中绝大多数成员都抽调自宁河区各机关及企业，从2019年7月以来，已经先后有54位工作人员值守在此。除部分专项人员驻扎工作时间较短之外，大部分人都是从头到尾没有替换，像董卫军、赵丰波等在西藏马上就满3年了。

在贡觉的这几年，因为高原反应，工作组的每个人都遇到很多困难，如长期难以入睡、血压高、脱发等，更多的困难则来自对家人的牵挂。但他们想到当地藏民对自己的热情和感谢，就觉得所有付出都是值得的。“因为语言不通，这些是我们事后才了解到的——有些村民在新村建设前，担心自己的牛棚会因为影响环境被拆除重建后就不给他们搭了，但又不好意思直接问工作组。重建后，当他们看到不仅房屋变成了二层小楼，后面还连着平整的院子，院子里搭建了新的牛棚时，才提起之前的顾虑。好多村民都说，工作组让大家住上了新房，还顾及他们的生活习惯和收入来源，太感谢天津了，”董卫军说，“村民入住新居后，上下水、电、网络都通，生活越来越便利，他们对天津的感情也越来越深。”

除曲卡新村工程外，在援藏的几年间，贡觉工作组聚焦“两不愁三保障”（不愁吃、不愁穿；基本医疗保障、义务教育保障和住房安全保障），用自己的“辛苦指数”，换取村民的“幸福指数”，还完成了贡觉县人民医院、藏医院、实验小学等多个援建项目，每一项工作都切实解决了当地百姓的实际需求，让天津的援藏工作落到了藏族群众的心坎上。

展望未来：走向共同富裕幸福路

曲卡村坐落在贡芒公路与贡察公路这两条交通要道的交汇处，地理位置非常好。通过新村建设，打造出来大量底商，随着发展会衍生出各种新的业态，逐步改变村民农耕畜牧的生活方式，也会让曲卡村成为西藏旅游、运输中的重要节点。2021 年，村内已经有了茶舍、餐馆、机动车维修等店铺，都是村民个体经营，但整体的商业业态还有上升空间。贡察公路通车的时间还比较短，随着车流量逐渐加大，引入旅游住宿等模式，未来曲卡村的枢纽地位还会进一步强化。除新建商铺外，考虑到村庄未来在旅游方面的发展，规划时就设置了停车位等配套设施。

集商住两用为目的建设，既能达到改善农牧民居住环境，又能为村民开设超市、饭店等提供条件，还联系当地农业银行针对建档立卡贫困户经营主体提供 5 万元额度的小额信贷，帮助村民开展经营活动，2021 年，每个商铺能为村民提供约 1.5 万元的新增年收入，这在当地已经是不低的水平了。

随着曲卡村在公路交通中的枢纽地位日益强化，曲卡村的商业街仍在一步步的演化过程中，等着她的，将是一个商业日益繁盛、村民收入逐渐提高、拥有无限可能的明天。

二、用文化滋养城市品位，百姓精神生活节节高升

文化是民族的血脉，是人民的精神家园，是爱国主义的精神基因，是一个国家、一个民族的灵魂。全面建设社会主义现代化国家，必须坚持中国特色社会主义文化发展道路，增强文化自信，建设社会主义文化强国。中国特色社会主义文化是中华优秀传统文化、红色革命文化与社会主义先进文化的有机统一，对于满足人民精神生活需求、实现人民美好生活向往具有极其重要的作用。

天津是我国唯一具有确切建城时间的历史文化名城（明永乐二年十一月二十一日），600多年历史成就了天津深厚的文化底蕴，河海贯通的特殊环境成就了天津开放包容的文化特征，东北亚海上交通枢纽的区位优势成就了天津东西交融的文化特色。以全面建设社会主义现代化大都市为目标，天津始终高举习近平新时代中国特色社会主义思想伟大旗帜，坚持以人民为中心的发展思想，培育和弘扬中国特色社会主义文化，充分利用独特城市文化资源，发展文化事业和文化产业，健全现代公共文化服务体系，提供多层次、多样化的文化产品和服务，形成生动活泼的城市文化发展局面，满足城市居民日益增长的高品质精神生活需求，丰富人民群众的精神世界，凝聚起全面建设社会主义现代化大都市的磅礴力量。

（一）坚持为民情怀，让全体人民共享文明发展成果

城市公共文化产品和公共文化服务是满足人民更高层次、更高水平美好生活需求的高质量公共产品，也是实现文化公平的重要载体。天津始终坚持以人民美好生活需求为导向，努力办好人民满意的大众文化事业，完善公共文化基础设施，健全公共文化服务体系，创新公共文化服务方式，完善财政支持文化发展机制，满足人民日益增长的文化生活需要，协同推进物质共同富裕与精神共同富裕，让文明发展成果惠及广大人民。

一是不断完善文化基础设施，拓展城市公共文化空间。下大力气补足城市公共文化基础设施短板，加快建设以市文化中心、国家海洋博物馆、滨海图书馆、航母主题公园、天津歌舞剧院等为代表的一批高品质公共文化场馆；分类推进公共文化场馆迁址改建、就地提升等一批文化基础设施更新工程；推进长城、大运河国家文化公园建设，加快建设天津非物质文化遗产馆、天津运河博物馆，全方位打造城市公共文化活动空间。对梁启超故居、觉悟社等一批革命历史建筑进行修复保护，对周邓纪念馆、平津战役纪念馆等一批红色文化场馆进行提升改造，免费开放名人故居、革命历史纪念馆等一批红色文化资源，建设红色文化教育基地，以红色文化、革命精神滋养人民群众爱国心、爱党情。

二是健全公共文化服务体系，打造触手可及的便民文化圈。以公益性文化单位为骨干，构建覆盖城乡、结构合理、功能健全、实用高效的公共文化服务体系，为人民群众提供更好的基本公共文化服务。有序推进市属博物馆、纪念馆、公共图书馆、美术馆、文化馆（站）免费开放，拓展人民群众文化生活空间，打造多层次、多领域、全方位的免费公共服务体系，让高品质文化服务成为百姓生活的一部分。以 5G、互联网等为依托，以报纸、杂志、广播、电视、

流媒体等为载体，打造高效便捷的现代化公共文化服务网络，形成就近、便捷、实用、高效的公共文化设施网络布局，实现高品质文化资源共建共享。完善市、区、街镇、社区四级文化公共服务体系，打通公共文化服务“最后一公里”，推进公共文化服务均衡普惠，让群众在“家门口”就能享受到更多更优的公共文化服务。将天津文化中心打造成“管理最优化、效率最高化、效益最大化”的文化聚集区；建设区文化公园或文化广场、广播电视基础设施和多厅数字影院，推动区文化馆、图书馆和乡镇文化站全部达到国家标准；建设社区文化活动室和公共电子阅览室，社区（街道）文化中心覆盖率达到 100%。特别是街（镇）、社区（村）等基层文化服务中心的建设，为基层群众提供了丰富的文化体验和均等普惠的学习教育、文化娱乐、技能培训等机会，有效补齐了城市公共文化服务短板，实现公共文化服务体系城乡融合与均等化发展。

三是实施精品文化工程，讲好人民群众喜闻乐见的天津故事。为提高人民群众文化品位，天津努力打造中华传统文艺与津派艺术有机融合的全新文化体系，形成“阳春白雪”与“下里巴人”和谐统一的文化氛围，让音乐会、歌舞剧、中华戏曲、津派曲艺等形式多样、内容丰富多彩的文艺形式成为百姓司空见惯的生活日常。话剧《滨海人家》、京剧《醒醉记》《乱世情怨》、评剧《家有九凤》、河北梆子《晚雪》、杂技剧《胡桃夹子·海上梦》、大型舞蹈晚会《海韵河风》、民族舞剧《永远的新娘》、芭蕾舞剧《舞姬》等作品在人民群众中引起热烈反响，不仅提供丰富文化产品，满足人民群众多样化、个性化文化需求，同时起到文化科普作用，提升人民群众文化品位，提高文化素养。围绕主旋律推动文化精品创作，凝聚民心唱响爱党爱国最强音。在庆祝中华人民共和国成立 70 周年、庆祝中国共产党成立 100 周年等关键时间节点，创作多部高质量文化作品，推出一批精品力作，组织一批大型文艺展演、展览和展映，《周恩来回延安》《换了人间》等文艺创作精品精彩呈现，使人民群众在感受艺术魅力的同时凝聚起爱党爱国热情，得到精神洗礼。

民族舞剧《永远的新娘》

四是丰富公共文化服务方式，提升群众文化生活体验感。创新公共文化产品和服务供给方式，广泛利用津云、津抖云等新媒体平台，让人民群众第一时间获得文化产品信息，实现文化服务多样化与便捷化有机统一。创新体验式、沉浸式、参与式文化活动和文艺演出模式，提升文化服务品质，增强人民群众参与感。创新公共文化活动群众参与机制，文化部门发布文艺项目清单，通过书面、媒体、座谈等多种形式向人大代表、政协委员、人民群众征求意见，选出人民群众最喜闻乐见的文化节目，精心策划、全力打造，给人民群众最满意的文化盛宴，演什么、如何演、演得怎么样都是百姓说了算。组织动员基层群众参与社区艺术节，推出“百姓生活百姓演，人民艺术人民看”的生动活泼的基层文化艺术品牌，让人民群众在享受文化生活的同时展现个人风采，提升个人价值。

五是完善财政支持文化发展机制，保障群众文化生活需求得到更好满足。为了让发展成果更多地惠及人民群众，天津市政府每年拿出 70% 以上财政收入用于民生领域，把主要公共文化产品和服务项目、公益性文化活动纳入公共财政经常性支出预算，持续丰富人民文化生活。从 2015 年开始，坚持实施文化惠民工程，政府补贴发放文化惠民卡，2015 年至 2021 年，全市累计发放惠民卡 85 万人次，财政累计支持达 2.5 亿元，真正做到了让高品质文化产品成为老百姓愿意消费并且消费得起的生活必需品。在文化惠民政策下，每年 200 场名家经典惠民演出、全市公共图书馆馆藏资源免押金借阅及跨馆通借通还、举办市民文化艺术节等一系列举措，让高端文化元素走进百姓日常生活。

（二）大力振兴文化产业，为人民群众提供丰富文化盛宴

天津历史文化底蕴深厚、特色鲜明，是延续城市历史文脉、丰富人民精神世界的重要载体。一直以来，天津充分发挥城市文化资源优势，坚持保护性开发利用原则，大力发展文化新产业新业态新模式，推动文旅融合发展，不断丰富文化市场产品和服务供给，更好回应人民群众日益多元化、个性化的文化消费诉求。在文化消费中提升文化素养，丰富人民精神世界，彰显城市人文魅力。

一是推进历史文化资源保护性开发利用，以历史文脉滋养人心。为了保存更多的城市历史和文化记忆，在时空交错中集中展示城市精神风貌，满足人民群众传承和弘扬城市历史文化的更高层次精神追求，天津市积极推进文化遗产“在保护中发展，在发展中保护”。通过深度挖掘历史文化底蕴和时代内涵，让文化遗产“活”起来，“旺”起来。小洋楼化身歌剧舞台、梁启超故居成为灯光秀现场，历史文化建筑与现代城市生活完美融合，展现城市魅力，为人民群众精彩生活添砖加瓦。大力实施文化遗产保护工程，不断加大文化遗产保护力度。推进历史文化名城、各级文物保护单位两大保护体系建设，打造包括历史文化名镇名村、传统村落、历史文化街区、历史文化特色风貌片区、历史风貌建筑、市级以上非遗代表性项目在内的历史文化资源保护体系，形成“一城、双区、两带、多点”的整体保护结构，为子孙后代保留珍贵历史文化财富的同时，

充分发挥了历史文化资源增民智、聚民心的重要作用。保护好、利用好弥足珍贵的“小洋楼”等城市历史文化资源，在保持原有外观风貌典型构建的基础上，利用新技术新材料新方法，采用“绣花”“织补”等微改造方式加建、改建和添加基础设施，更好适应人民群众现代生产生活需要。同时，推进具有历史内涵的金融、工业、邮政等功能性历史风貌建筑修复提升，建设专业博物馆，立体化展现城市发展历史，为人民群众提供更多了解城市文化的载体，擦亮“近代中国看天津”城市名片。

二是加强非遗传承和发展，让优秀传统文化走进百姓生活。实施非物质文化遗产抢救计划。建立非物质文化遗产代表性项目名录，建设非物质文化遗产保护基地，建设全市非物质文化遗产数据库。推进大运河天津段申遗，实施明长城天津段、独乐寺、梁启超饮冰室、蓟县鲁班庙、觉悟社等文物保护工程。充分发挥中华老字号、天津老字号等文化传承作用，让传统文化融入百姓生活。狗不理、桂发祥、老美华等传统老字号走进社区、走进农村、走进网络，成为消费新时尚，推动中华优秀传统文化走进百姓生活，走进百姓心里，唤起文化共鸣，凝聚文化合力。

三是创新文旅融合发展新产业新业态新模式，满足人民群众多层次文化消费需求。充分利用天津河、海、楼、山、林、湿地、古镇、乡村交错的独特城市资源，发掘城市历史文化潜在价值，培育一批“津味”浓郁、适应城市新消费需求的网红打卡地和文旅新场景，为城市居民提供更多高品质文化消费产品和服务。集中打造古文化街、文庙、杨柳青古镇等文旅融合集中体验区，提供更多特色鲜明、内容精彩、品质精良、交通便捷的城市中心及周边消费场景，填补了百姓日常文化旅游消费空白。创新线上线下相结合的互动式消费体验新模式，为老百姓提供更具特色的沉浸式演出、沉浸式展览等新型文化消费内容，打造极具新奇文化元素的沉浸式演出场景。蓟州区盘山景区的《天下盘山》、天津博物馆的《杨柳青青画中人》、利顺德的《爱乐之城》、五大道景区的《阳台歌剧》等为广大市民提供了全新的文化体验，形成了多个天津文化和旅游新 IP，满足了天津市民和国内外消费者日益多元化的城市新消费需求。

四是加快文化资源开发与乡村振兴战略深度融合，协同推进文化兴农、文化富农。顺应当前文化旅游消费重心从城市向乡村转移的普遍趋势，充分发掘乡村文化旅游资源，以文旅融合发展助力乡村振兴。整合乡村文旅资源，发展乡村特色文化和旅游产业，集中打造绿色生态屏障文旅区、蓟州山野名胜区、西青崇文尚武生态田园、宁河乡土文化与湿地游憩等 6 个乡村文旅融合组团发展区，构建“一核一带两园三区六组团”的文旅融合发展空间分布新格局。以乡村文化体验和山水休闲为核心丰富乡村文旅产品供给，拓展人民群众文化共享空间，增强人民群众文化消费体验感。大力培育精品民宿，提升乡村旅游品质。推进蓟州区春山里、蓟州区不知山、宁河区盆罐庄理想村等一批民宿提升改造，打造高端特色民宿群，满足城市居民高品质乡村旅游需求，培育京津冀休闲度假理想目的地和全国知名的网红打卡地。

蓟州区下营镇小岗村网红乡宿

（三）坚持“内外兼修”，建设文化强市和人民满意的文明家园

天津始终坚持中国特色社会主义文化发展方向，以习近平总书记关于社会主义文化建设重要论述为指导，建设与社会主义现代化大都市定位相匹配的城市文化，不断提升城市文化软实力，打造文明和谐的魅力人文之都。

一是积极推进文明城区创建工作，让文明成为城市的内在品质。落实全域创建文明城市行动，分步实施文明城区创建工作，完善“5+7+2+2”的文明城区创建空间格局，统筹推进 5 个全国文明城区、7 个全国文明城区提名城区、2 个未提名全国文明城区的天津市文明城区、2 个天津市文明城区争创区建设。政府、企业、民众齐心协力参与文明城区创建，形成全域协作、全民动员、共建美丽文明城区的合力。

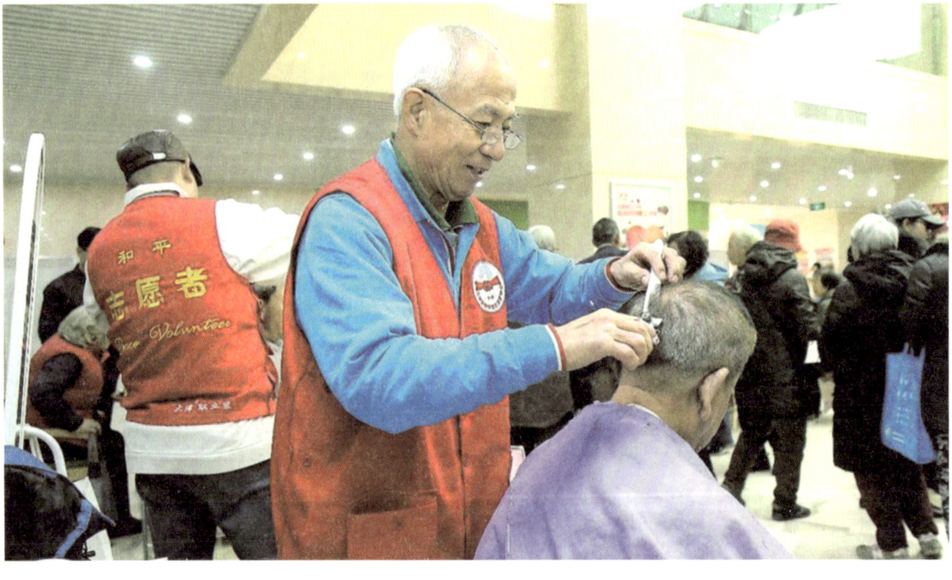

和平区志愿者协会组织社区志愿者和志愿服务项目团队，为居民带来理发、衣服缝补、健康咨询等爱心服务

二是推进城市文明建设与城市治理协同增效，提升人民群众获得感、幸福感、安全感。以建设文明城市为抓手，强化问题导向，在文明城区创建过程中践行为民初心使命，加强城市精细管理，协同推进城市管理与基层治理，解决人民群众最关心的问题，构建文明和谐社会，使文明城区创建的政策体系和具体措施成为城市治理的常态化长效化机制，形成推进城市治理体系和治理能力现代化的基层动力。在文明城市创建过程中大力弘扬社会主义核心价值观，塑造积极进取的城市精神面貌，凝聚了建设社会主义现代化大都市的民心民智，极大地提高了城市居民的思想道德素质、科学文化素质、身心健康素质，使人民群众精神文化生活更加丰富，城市文化软实力显著增强。

三是强化文化建设的制度支撑，营造欣欣向荣的文明城市环境。用制度规范约束和引导城市居民文明行为，建设和谐有序的城市文化环境，这是让人民群众更好享受文明发展成果的制度基础。近年来，天津不断加大城市文明制度体系建设，出台以《天津市文明行为促进条例》为代表的一系列地方性文件，向全市居民发出文明倡议，从点滴做起、从微末出发，改善居民文明行为，培养社会文明习惯，提升民众文明素质。

四是建设对外文化交往高平台，让人民群众共享文明交融成果。东西交汇的文化底蕴使天津成为我国对外文化展示的重要窗口，天津向全世界展示着中国特色社会主义现代化大都市的独特魅力，推动东西方文化交流互鉴，让民族文化走向世界，让世界文化走进百姓生活，形成民族的、大众的、世界的文化相互交融、美美与共、古今交汇、东西交融、内外相通的生动活泼的文化发展新格局，在文化交往中增强文化自信。积极建设国内外文明交流、文化交往的高平台，打造展示中华文化、天津文化的世界之窗，让中华文化、天津文化走向世界，不断提升人民群众文化自信心，增强人民群众民族自豪感。高标准搭建国际性文化交往舞台，让中华文化“走出去”的同时让世界先进文化“走进来”，依托“非洲文化聚焦”“德国文化年”“中欧文化论坛”“中日国民友好交流年”“中韩友好交流年”等活动促进中外文化交流，提升人民群众文化品位。充分利用国际化高端会议、论坛、展览、赛事等活动创新性展示中华文化、天津文化。在2023年天津夏季达沃斯论坛上，中华传统文化元素和文化符号贯穿始终，竹编、漆器、雕刻等的集中展示为会场带来了满满的艺术气息，剪纸、杨柳青木版年画、泥人张彩塑、面塑、木版水印画成为吸引中外来宾的最亮点。

习近平总书记指出，文化是一个国家、一个民族的灵魂。文化兴国运兴，文化强民族强。优秀文化滋养人心，先进文化凝心聚力，让古城焕发新机，让文化展现魅力，让人民群众切实感受到民族文化复兴、国家文化繁盛的美好景象，共享社会文明进步的丰硕成果，这就是以人民为中心的发展思想的最好体现。

三、有加有减“显山露水”，绿色宜居生态环境常驻身边

大自然是人类赖以生存发展的基本条件。尊重自然、顺应自然、保护自然，是全面建设社会主义现代化国家的内在要求。必须牢固树立和践行绿水青山就是金山银山的理念，站在人与自然和谐共生的高度谋划发展。习近平总书记强调，良好生态环境是最普惠的民生福祉。中国特色社会主义进入新时代，人民美好生活需求变得更加丰富多元，良好生态环境作为人民美好生活需求的重要组成部分，已经成为城市民生领域的重中之重。党的十八大以来，生态文明建设上升为重大国家战略，天津市全面贯彻落实习近平生态文明思想，将“绿色决定生死”写入党代会报告，坚持生态系统增量扩容与经济转型升级协同推进，走出一条“生态优先，绿色发展”之路，为建设人与自然和谐共生的现代化贡献天津智慧与天津方案，交出了一份让群众满意的生态答卷。

（一）统筹推进生态保护和修复，丰富“绿水青山家底”

随着经济社会快速发展，生态承载力持续下降、生态容量严重不足一度成为制约天津发展质量和效益提升的短板。花大力气改善生态环境质量、优化城市生态空间格局成为百姓最迫切的美好生活诉求，也是城市实现高质量发展的

内在需要。天津坚持把“保护生态环境就是保护生产力，改善生态环境就是发展生产力”作为着力提高发展质量和效益的重要原则，统筹推进污染综合防治和生态保护修复，使蓝天、碧水、净土成为城市中无处不在的良好生态元素，城市绿色高质量发展的“绿水青山”家底日益丰厚。

一是深入推进环境污染综合治理，全面改善城市环境质量。花大力气打好污染防治“三大攻坚战”，多管齐下治污控污，以前所未有的决心、力度和铁腕治理环境污染。坚持“五控”治气、“四措”治水、“三招”治海、“两控”治土，完善污染治理体系，强化大气、水、土壤污染源头管控、过程监督和末端治理。稳步推进控煤、控车、控尘、控工业污染等目标任务，稳步推进“煤改电”“煤改气”。深入推进工业废水、生活污水、农村污水治理，对城市河道进行水生态修复，加强海洋生态治理。深入落实“土十条”，严格农用地分类和建设用地准入管理，治理农业面源污染，持续推进农药化肥减量化利用和农田残膜回收，深入推进农村秸秆综合利用和农村粪污处理。加大各类垃圾废弃物回收和综合利用力度，全面启动实施生活垃圾分类，有序推进全域“无废城市”建设。一系列污染防治举措取得实效，长期影响人民群众生活品质的环境污染问题得到根本遏制，城市生态环境质量持续改善。2022 年，全年 PM2.5 平均浓度为 37 微克 / 米^3，与 2013 年的 96 微克 / 米^3 相比，累计降幅达到 61.5%；全年空气质量优良天数比率达到 73.2%，比“十二五”末提高了 12.9 个百分点，12 条入海河流全部消劣，水质达到Ⅳ类以上，近岸海域水质优良比例达到 81%，海河（河北区段）入选首批国家美丽河湖优秀案例。

二是系统推进生态工程建设，加速重构城市生态空间格局。加强生态系统保护修复顶层设计和总体布局，持续推进“871”重大生态工程建设，呈现天津生态文明建设“代表作”。打造由 875 平方千米湿地保护修复、736 平方千米双城间绿色生态屏障建设、153 公里海岸线综合治理共同构成的城市生态保护修复体系，在全国率先划定 1393.79 平方千米生态保护红线，编制“多规合一”

生态工程建设规划体系，全面落实湿地自然保护区“1+4”规划和生态屏障区分级管控措施，协调推进湿地保护修复、绿屏建设和海岸线治理重点工程，加快形成“三区－两带－中屏障”的良好城市生态空间格局。2020 年，北大港湿地自然保护区和七里海湿地核心区、缓冲区列入国家重要湿地名录，北大港湿地南部水循环区域列入国际重要湿地名录；2017—2021 年，全市四大湿地面积增加 113.23 平方千米，全市湿地保护率超过 59%；退耕还湿、土地流转、河湖水系连通、苇海修复、生物多样性恢复和鸟类保护成效显著，2021 年 4 个湿地自然保护区内过境候鸟总数超过 100 万只。736 平方千米屏障区提前完成规划建设目标，生态廊道、生态保育、农林复合、滨河生态、滨湖生态“五位一体”的生态功能全面提升，绿色生态屏障雏形基本形成。截至 2020 年底，绿色屏障区内千亩以上成规模生态区建成 20 多处，总面积超过 300 平方千米。2020 年，绿屏区单位面积固碳量为 344.53 克 / 米 ^{2}，较 2017 年增加 35.19 克 / 米 ^{2}，增幅超过 10%，为全市平均增量的 2.1 倍，带动全市单位面积固碳量增加 16.63 克 / 米 ^{2}。绿色生态屏障区一级管控区蓝绿空间占比超过 65%，林地面积增加至 19 万亩以上，绿化覆盖率超过 26%，基本形成“三分林、三分田、三分水、一

北大港湿地成为“候鸟天堂”

分草”的绿色生态格局。153千米海岸线综合治理加速推进，实行最严格的围填海和岸线开发管控，落实“蓝色海湾”整治修复规划，已整治修复岸线4.8千米，推进海堤生态化改造，沿153千米海岸线修复滨海湿地531.9公顷（5.3平方千米），显著提高了海洋（岸）生态功能，使近海城市蓝绿空间轮廓更加清晰。“871”重大生态工程建设成效显著，为广大市民营造出大绿野趣、郁郁葱葱、鸟语花香、生机盎然的城市田园风光，全面提升天津“绿水青山”颜值，也为京津再造一叶“城市绿肺”，为筑牢首都生态“护城河”作出积极贡献。

三是推动生态文明建设实现新跨越，展现“绿水青山”都市新画卷。天津始终坚定不移践行“两山”理念，因地制宜推动绿色高质量发展。蓟州区、津南区、西青区等生态资源丰富的区域，在着力改善生态环境质量的同时，立足生态优势积极探索将生态效益转化为经济效益的方法路径，形成了一批具有示范推广价值的实践模式，为全市生态优先、绿色发展树立了典型样板。截至

天津市津南区八里湾绿色生态屏障建设成效初显

2022 年底，蓟州区、西青区、宝坻区、津南区相继被命名为“国家生态文明建设示范区”；蓟州区、西青区王稳庄镇和辛口镇、滨海新区中新生态城先后被命名为“绿水青山就是金山银山”实践创新基地，天津港保税区暨空港经济区入选生态文明建设示范区（生态工业园区）。天津生态文明建设取得丰硕成果，人民群众绿色发展的底气更足。

（二）推动经济社会发展全面绿色转型，建设碳达峰碳中和标杆城市

近年来，为积极适应经济社会发展的新形势新要求，天津坚持生态系统增量扩容与经济转型升级协同推进，坚决淘汰落后产能为绿色高质量发展腾退空间，推进结构调整加快转型升级，构建现代化产业体系，壮大绿色发展新动能，推动传统的老工业基地向宜业宜居宜生的现代化大都市转变，走出了自己的绿色转型之路。

一是淘汰落后产能，拓展绿色发展空间。全力推动产业、布局、能源、运输四大结构调整，优化城市生产力布局，加快“腾笼换鸟”“凤凰涅槃”。着力破解“钢铁围城”，倒逼“两高”企业转型和传统产业升级。2017 年以来，累计压减粗钢产能 495 万吨、炼铁产能 660 万吨，集中整治“散乱污”企业 2.2 万家，倒逼落后产能退出。治理“园区围城”，优化城市产业布局。对 314 个产业园区进行分类改造，原地保留 68 个、整合提升 114 个、关停取缔 132 个。对全市 62 个涉气工业集聚区 1700 家企业建档立卡、排查治理。有序推进 1.1 万台燃煤小锅炉并网整合或改燃关停，推进钢铁企业超低排放改造和重型柴油车在线监控，实现工业炉窑全部使用清洁燃料，强化煤炭消费总量控制，煤炭消费总量从 2013 年的近 5000 万吨压减到 2022 年的 3700 万吨左右。经过系统治理，城市周围鳞次栉比的高炉烟囱逐渐消失，遮天蔽日的工业废气逐渐消散，长期侵

占良好生态空间的工业集聚区彻底改头换面，城市“三生”空间更加科学合理，生态容量显著提升。

二是建设绿色低碳循环发展经济体系，培育绿色发展新动能。长期以来，天津作为老工业基地形成高消耗高增长的发展模式，可持续发展面临极大挑战。为彻底摆脱传统路径依赖，天津坚持绿色发展导向，协同推进“生态产业化”和“产业生态化”，建设“1+3+4”现代产业体系，集中打造航空航天、生物医药、新能源等12条绿色低碳产业链，积极培育绿色发展新动能，推动经济社会发展全面绿色转型。利用绿色低碳循环技术赋能产业发展，对重点园区、重点产业链、重点行业、重点企业实施生态化改造提升，开展园区循环化改造和生态工业园区建设，加快建设国家循环经济示范城市、低碳城市试点和城市能源互联网示范工程，新天钢、荣程钢铁等一批制造企业成为绿色低碳发展先进典型。积极培育绿色低碳发展的新产业新业态，大力发展节能环保产业、清洁生产产业、清洁能源产业、城市矿山产业、绿色制造和再制造产业，新能源、新材料等一批绿色低碳循环产业规模不断壮大，形成集聚发展效应。农业农村绿色发展成效显著，形成乡村振兴绿色新动能。立足农村生态资源优势，发展都市型生态农业，“盘山磨盘柿”“七里海河蟹”“小站稻”“台头西瓜”等一批农业知名品牌受到市场青睐。创新乡村生态旅游、绿色休闲体验新业态新模式，打造盘山、梨木台、郭家沟等一批生态旅游网红打卡地，推动农村优质生态资源价值实现，写好“生态产业化”大文章。倡导简约适度、绿色低碳、文明健康的生活方式，开展节约型机关、绿色家庭、绿色学校、绿色社区和绿色出行等创建行动，切实提升绿色发展水平，形成良好三生城市生态格局。

三是积极稳妥推进碳达峰碳中和，建设“双碳”先行城市。在全国率先出台《天津市碳达峰碳中和促进条例》，制定《天津市碳达峰实施方案》，建立完善碳达峰碳中和“1+N”政策体系，将绿色低碳发展行动纳入2023年经济发展“十项行动”中，努力建设碳达峰碳中和标杆城市。稳妥推进控煤减煤工作，完善能源消费双控制度，实施工业污染排放双控，推动钢铁等重点行业率先达峰和煤炭消费尽早达峰，持续推进“公转铁 + 散改集”，协同推进减污降碳。推动工业绿色转型和企业低碳发展，加快绿色制造体系建设，新创建 30 家国家级绿色示范单位。积极对接全国碳排放权交易市场，完善碳市场交易管理机制。大力推进绿色低碳技术创新，加大工业碳循环和碳捕集，利用技术创新攻关力度。加快绿色金融创新，成功发行全国首单“碳中和”资产支持票据。加快能源绿色低碳转型，打造能源革命先锋城市。积极发展风能、太阳能，推进电力“双碳”先行示范区建设。推动城乡建设绿色发展，大力推广绿色建筑和装配式建筑，推进建筑工业化和智能化建造。加快工业园区、机关、企事业单位低碳（零碳）试点示范建设，健全废旧物资循环利用体系。

（三）高标准建设生态宜居城市，让人民群众共享良好生态环境

良好生态环境是人民群众美好生活需要的重要组成部分，也是最普惠的民生福祉。我们花大力气改善生态环境，最根本的出发点和落脚点是为人民群众提供宜居宜业宜生的良好生态环境，在保障人民群众身体健康、生命安全的基础上，打造城市绿色公共空间，构建人与自然和谐共生的城市生活场景，不断满足人民群众日益增长的良好生态环境需要。

一是完善城市生态公园体系，建设人民满意的生态家园。全方位打造包括国家生态公园、城市生态公园、街区花园、社区绿地等在内的城市公园体系，为人民群众提供良好公共生态空间。武清永定河故道国家湿地公园、宝坻潮白河国家湿地公园、九龙山国家森林公园等一批极具生态价值的国家级生态环境保护区成为人民群众拥抱自然、融入自然的理想目的地。水上公园、长虹生态园、绿屏·咸水沽、南翠屏公园、子牙滨河公园等一批城市公园，成为人民群

众日常休闲、享受良好生态环境的重要载体。随处可见的社区公园、口袋公园、主题公园等，都是老百姓可观赏、可休憩的绿色生态空间。滨河公园、滨湖公园、滨海公园等城水交融的海滨城市特色公园，拓展了天津市人民群众的亲水空间。同时，为不断打造融入城市风光和百姓日常生活的良好生态元素，天津持续推进“871”重大生态工程向纵深发展，加快建设“一环十一园”植物园链，启动南港工业区生态湿地公园、中新天津生态城东堤海滨廊道等建设，着力将天津建设成为绿水青山常在、碧海蓝天交映、草木葱茏繁茂、鸟语花香共情、人民群众满意的美丽生态城市。

二是完善城市绿色基础设施建设，点亮城市生态名片。推进公共场馆、公共交通工具、能源利用基础设施绿色化改造，加装节能节水、新能源发电等绿色低碳基础设施。加快城镇污水处理厂提标改造和配套管网建设，补齐城镇水环境治理设施短板。建成或扩容东郊、津沽、咸阳路、张贵庄等一批大型城镇污水处理厂，全市污水日处理能力由2012年的296万吨提高至2022年的421万吨，污水处理厂出水达标率由50%提高至99%以上。新建、改造污水管网1470千米，消除城市建成区污水管网空白区135.99平方千米，城镇生活污水集中处理率由2012年的88%提升至2022年的96%。建设大型公共基础设施工程，华北地区最大人工尾水湿地完成二期工程并投入使用，日处理污水能力达到60万吨以上。科学有序推进海绵城市试点建设，分区分类推进城市公园、社区地面实现海绵体改造，城市抗洪防汛能力显著提升。持续推进厕所革命，新建改造公厕200座。“三站一场”环境整治服务提升取得显著成效，群众出行体验不断改善。

三是建设和美乡村，实现良好生态环境城乡共建共享。全面实施农村人居环境整治行动，开展“百村示范、千村整治”，启动农村全域清洁化工程。推进农村厕所革命，完善农村生活污水集中处理设施体系，推动畜禽粪污资源化利用，实施农村饮水提质增效工程，农村环境面貌实现根本改善，成为安居乐业的美丽家园和社会主义现代化大都市的重要组成部分。

四是完善生态文明建设制度体系，营造良好生态文化环境。坚持和完善生态文明建设的制度体系是推动生态文明建设取得实效的根本保障。天津加快建立健全绿色发展的体制机制，坚持推动有保障的绿色高质量发展，为人民群众营造良好的城市生态文化。2018 年以来，天津市发布和修订的与环境保护和绿色发展相关的地方性文件超过 50 部次，为保护生态环境和推进绿色发展提供了良好的制度基础。不断完善保护生态环境和推进绿色发展的法律法规体系，以《天津市大气污染防治条例》《天津市水污染防治条例》《天津市土壤污染防治条例》《天津市海洋环境保护条例》《天津市湿地保护条例》《天津市生态环境保护条例》等为基础的环境保护地方性法规体系基本形成，以《天津市碳达峰碳中和促进条例》《天津市碳达峰行动方案》《天津市加快建立健全绿色低碳循环发展经济体系实施方案》《天津市建立健全生态产品价值实现机制的实施方案》等为代表的推进低碳转型和绿色发展的规章制度日益健全。不断完善保护生态环境和推进绿色发展的体制机制，全面落实河长制、湖长制管理，严格引江、引滦水源保护制度，完善流域生态补偿机制，形成生态环境保护和绿色低碳发展常态化长效化良性循环。

坚持走“绿水青山就是金山银山”的高质量发展之路，绿色发展理念已经成为天津高质量发展的普遍实践，绿色空间格局、产业结构、生产方式、生活方式基本形成，美丽天津天更蓝、地更绿、水更清，环境更宜居，生态更美好，一幅人与自然和谐共生的美丽都市画卷正在津沽大地徐徐展开。

案例三：“钉子小镇”的华丽蝶变

微风轻拂，麦浪如碧波荡漾一望无尽；湖水清澈，野生珍稀鸟群休闲觅食，怡然自得；绿树成荫，空气清新，花草繁茂，赏心悦目，这样一幅水绿天蓝的人间美景正是西青区王稳庄镇的现实写照。面对如此美景，谁能想到，这里就是曾经享誉全国的“钉子小镇”。鼎盛时期全镇共1000多家制钉企业生产了全国市场上40%的钉子，带来了显著的经济效益，是一颗名副其实的“金钉子”，但同时也是一颗危机重重的“坏钉子”。在流向渤海湾的独流减河岸边，鳞次栉比的钉子作坊每天在创造经济神话的同时，也将大量的工业污染物排向天空、排向河道，污染了稻田，污染了水源，污染了空气，给人民群众美好生活蒙上了一层灰色。

2017年，带着壮士断腕的决心和勇气，镇里对“散乱污”企业、水、大气进行了全面的治理，灰头土脸了几十年的王稳庄镇，渐渐恢复了原本清爽的容貌。2018年，凭借天津市启动绿色生态屏障建设的契机，使这里的环境又迈上了一个新台阶。如今，摆脱了污染的王稳庄镇，已经成为生态环境的“优等生”，被生态环境部评为“绿水青山就是金山银山”实践创新基地，实现了从“钉子小镇”向“绿色小镇”的华丽蝶变。

1. 治理：以壮士断腕的决心拔掉生锈的“坏钉子”

王稳庄镇在西青区的东南部，是西青区比较大的镇街之一。从1956年开始，为满足农业生产需要，王稳庄镇凭借一批手工作坊逐渐开始发展农机维修、铸件加工、金属制品等产业，形成了五金制品加工制造的产业基础。20世纪80年代，金属制品加工脱颖而出、发展蓬勃，成为王稳庄镇的特色产业。1992年，主要生产螺钉、螺丝、紫铜线等产品的乡镇企业有6家，年产值3802.5万元；村办企业达到了33家，年产值更是高达19585.6万元。从钉子上赚了钱后，越来越多的村民加入制钉大军，制钉企业在王稳庄全镇的15个村遍地开花。鼎盛时期，全镇大大小小的制钉企业有上千家，年产值超过50亿元，全国市场占有率达到了 40% 以上。

制钉产业带来了经济的快速繁荣，成为王稳庄镇的“金钉子”。但是，野蛮的生长和落后的生产方式，加上本就薄弱的环保意识，制钉企业对生态环境的破坏也达到了生态环境难以承受的程度。生产过程中使用的酸、碱和化工原料，未经过任何处理直接排放到空气中，倾倒在河水里，导致生态环境急剧恶化。制钉产业虽然富裕了部分人，但污染的环境却损害了所有人的健康和生活。拔掉这颗已经锈迹斑斑的“坏钉子”势在必行，也刻不容缓。

2017 年，在全市深入推进生态文明建设的战略统筹下，王稳庄镇严格遵循习近平总书记关于“绿水青山就是金山银山”的理念，对全镇进行大规模产业提升改造和环境修复治理，集中整治上百家制钉企业。

但是，已经习惯了从“金钉子”上赚大钱的村民们根本无法接受这种突然的转变，一度产生极大的抵触情绪和激烈的抵抗行为。对于重重困难，王稳庄镇政府抗住压力，锚定整治目标不放松。全镇党员干部包村分片进行 24 小时不间断巡查，执法人员对偷偷复工的企业实施“两断三清”措施。制钉企业看到了市里、区里坚决整治“散乱污”的决心，陆续关停工厂。凭借着对环境保护坚定不移的态度，王稳庄镇取缔了 15 个自然村工业集聚区，关停了近 800 家“散乱污”企业，拆除 100 多万平方米工业集聚区，全面完成了“散乱污”企业的治理目标。

2. 升级：从“钉子小镇”向现代化工业区的华丽转变

虽然被取缔的“散乱污”企业众多，但王稳庄镇的制钉产业并没有被“一棍子打死”。一些符合产业标准、达到环保治理要求的、具有环保资质合法合规的企业，被统一迁入赛达工业园。赛达工业园则通过提高项目准入门槛，杜绝低端产业建设，发展成为以高端金属制品工业、汽车配件、食品加工项目为主的环保工业园区。

在政府的支持和推动下，制钉企业统一安装油污过滤设备，污水处理设备，通过环评进驻赛达工业园。天津市信泰科技发展有限公司是第一家进驻到这里的制钉企业，进入工业园后，厂房从600平方米扩大到4000平方米，设备从4台增加到40多台，完成了产业升级，产品质量显著提升，出口到欧美和日本，利润也实现大幅增长。无处不在的高污染制钉企业得到彻底清理，取而代之的是现代化的工业园区和先进的制造企业。

3. 修复与建设：金田绿屿展现天蓝水绿美好画卷

在治理“散乱污”企业的同时，镇政府也在治理大气污染和水污染。针对挥发性有机物控制制定重污染天气企业减排措施，完善污水管网与大寺污水处理站设施相通，将河道内的污染水体排入大寺污水厂进行处理，同时利用独流减河引流补水，最终所有的河水恢复了清澈。

2018年，天津市启动绿色生态屏障建设，西青区绿色生态屏障被市委、市政府确定为天津市双城绿色生态屏障八个重点片区之一。王稳庄镇被确定为西青区绿色生态屏障的产城核心区。为了全面深入打造“水绿天蓝”良好生态，王稳庄镇又开始了一系列的大动作：退渔还湿工程，共计退渔7338.59亩，建立起生态养殖循环模式；累计绿化造林超3万亩，大大改善了人居环境；完成2.6万亩优质水稻种植基地基础设施改造和4000亩无人农场小站稻种植示范项目，打造智能化农业应用示范园区……良好的生态环境为野生动物生息繁衍提供了优越条件，在王稳庄镇绿色生态屏障的核心区域，水鸟野鸭嬉戏，湿地湖岛相间，阡陌稻田交错，展现了一幅人与自然和谐共生的美好画卷。

2020 年 11 月，王稳庄镇被生态环境部评为第四批“绿水青山就是金山银山”实践创新基地，这是全国 35 个地区唯一一个获得此称号的镇级单位，“蓝绿交织”的大写意生态现状图，在王稳庄镇扎实地铺展开来。

4. 发展：乡村振兴书写高质量发展新华章

在全面建设社会主义现代化大都市的号召引领下，王稳庄镇全面推进高质量发展，将产业转型升级、生态保护修复与乡村振兴深度融合，推动王稳庄镇实现从斑驳的“钉子小镇”到先进制造小镇、稻香鱼米小镇、智能网联特色小镇的蝶变，敲开了王稳庄镇乡村振兴发展的更大一扇门。

生态环境就是营商环境。环境的改善，让一大批优秀企业选择在王稳庄镇落户，高端制造、绿色智慧成为小镇新的代名词。中建钢构、神户钢铝材、嘉民物流、三菱普洛斯等一批著名企业进驻赛达工业园；天津市第一个“拿地即开工”项目“元气森林”、中化农业、国家粳稻中心等都到这里扎根；王稳庄镇还成为西青区智能网联车封闭测试场的所在地，实现了科技为生态赋能。

绿水青山就是金山银山。立足生态优势，王稳庄镇大力发展生态农业，智慧农业，擦亮乡村振兴金字招牌。2018 年，王稳庄镇引入现代化智慧农业企业，播下智慧农业的种子。以现代化农场、种业基地、优质小站稻基地为科技支撑的现代智慧农业新业态让天津“米袋子”“鱼篓子”焕发新生机。依托中化农业自主研发设计的智慧农业系统，彻底改变了以往农民完全凭经验种田的做法，依靠科学精细化的管理技术，从地块管理、精准气象、遥感监测、设备物联等多个方面为农户提供精准的种植服务，极大地提高了农产品产量和品质。小站稻产量从 2018 年的亩产 800 斤提高到 2021 年的亩产突破 1050 斤，成为天津小站稻种植示范基地。

生态农业铺就乡村共富路。农业生产提质增效，优质农产品价值倍增，让农民看到了钉子以外的更加精彩的世界，村民纷纷回归农业生产，加入生态农业发展行列。同时，随着天津智慧农业金字招牌持续发亮，王稳庄镇吸引了全国各地的关注目光，成为乡村旅游网红打卡地。2019 年开始，王稳庄镇成为全国农民丰收节的天津主会场，吸引了 15 万游客到来。为丰富旅游场景，镇里先后开工建设了西西海湿地、稻香农谷、巨幅稻田画等景点。每年的 7、8 月份，游人如织，就是

西青区王稳庄镇“大美稻香”生态文化旅游节

为了登上丰收塔看稻浪、闻稻香、与巨幅稻田画拍上一张“打卡照”。推进生态农业、智慧农业、生态旅游协同发展，王稳庄镇书写了一篇“生态 +”的好文章。乡村面貌焕然一新，农民收入连年增长，作为新时代新农人的获得感幸福感节节攀升。

2021 年，王稳庄镇开始创建全域旅游示范镇，腾出的制钉厂房经过改造提升，建成了绿色生态屏障展览馆。展览馆里立体化、全景式、多维度展示了天津市绿色生态屏障建设的历史背景、重要意义，以科技感十足的数字沙盘生动讲述了筑牢首都生态“护城河”，为京津冀再造一叶“城市绿肺”的天津故事。

四、托起民众“稳稳的幸福”，在着力保障和改善民生中赢得民心

时光奔涌不歇，奋斗驰而不息。习近平总书记的殷殷嘱托已深深铭刻于海河儿女的心田，不断迸发激昂磅礴的奋斗伟力。党的十八大以来，天津市每年把财政支出的七成以上用于民生领域，连年精准实施 20 项民心工程；落实积极的就业政策，促进居民收入增长；健全教育惠民体系、公共卫生服务体系，完善多层次社会保障体系；提高群众养老、住房、出行便利化水平，向重点人群免费发放“健康防疫包”……在托起人民幸福的路上，天津交出了一份沉甸甸、爱心满满的民生答卷。

（一）就业优先，夯实民生之本

就业是群众最关心、最直接、最现实的利益问题，关乎人民对美好生活的向往。习近平总书记指出，就业是最大的民生工程、民心工程、根基工程，是社会稳定的重要保障，必须抓紧抓实抓好。2013 年 5 月，习近平总书记在天津视察时对切实做好以高校毕业生为重点的青年就业工作，加强城镇困难人员、退役军人、农村转移劳动力就业工作，搞好职业技能培训、完善就业服务体系，缓解结构性失业问题等提出明确要求。天津持续用力实施就业优先战略。

2022年，面对更加复杂严峻的就业形势，天津市聚焦稳定就业岗位，帮扶重点群体，提升职业技能，增强服务质效，多措并举，全力稳住就业“基本盘”，全市就业形势保持基本稳定。2023年初，天津市人力资源社会保障局、市财政局印发《天津市创业房租补贴管理办法》，为创业者减轻创业场地租金负担，支持创业，鼓励创业带动就业。2015年，大学毕业的曹宇鹏在天津开启自己的创业之路。提供场地、补贴租金、社保补贴……海河教育园区众创中心一系列的扶持，为创业初期的曹宇鹏免除了后顾之忧。如今，由他创办的天津零壹科技有限公司，已经成为国内外50余家知名企业智能解决方案的合作方，并且在全市高校招聘了一批专业人才，帮助学弟学妹实现就业。有就业，才有收入；有收入，生活才有奔头，城市才更有活力。天津实施稳就业扶持政策后，累计城镇新增的就业人数达462.98万人，他们成功就业的背后，更是千家万户美好生活的开始。

青年创业者牢记习近平总书记的谆谆教诲、殷殷期盼，矢志奋斗。2013年，习近平总书记视察天津时，与高校毕业生、失业人员、农村富余劳动力代表座谈，天津职业大学学生商晴晴正是其中的一员。“习近平总书记勉励我们大学生要志存高远、脚踏实地，转变择业观念，坚持从实际出发，勇于到基层一线和艰苦地方去，把人生的路一步步走稳走实，善于在平凡的岗位上创造不平凡的业绩。”大学毕业后，商晴晴进入宁河区潘庄医院成为一名乡村卫生员，“我一直牢记着习近平总书记的谆谆教导，不负时代，不负韶华，奋斗在基层一线，全心全意为人民服务。”

（二）关爱“一老一小”，守护“朝夕美好”

“一老一小”，一头连着“夕阳”，一头连着“朝阳”，“一老一小”向来都是事关千家万户的民生大事，也是涉及生育、教育、医疗等多领域的改革难事。

民之所望，政之所向，百姓关心什么、期盼什么，天津市委、市政府就要抓住什么、推进什么，带着感情、带着责任、带着爱心，天津这座城市不断织密织牢“一老一小”民生保障网，积极探索解决“一老一小”问题新路子，让“幼有所育、老有所养”向“幼有优育、老有颐养”不断迈进，在这里，每个人都拥有了“小确幸”与“大幸福”。天津坚持补短板、增供给、提质量，不断强化学前教育普惠发展，不断完善社区养老服务，一系列新政策、新举措让“一老一小”在家门口就能享受稳稳的幸福。

位于南开区鞍山西道的德思幼儿园是一所普惠性民办幼儿园。开办三年来，凭借着优秀的师资队伍、丰富的游戏活动和优美的园所环境，被评为天津市示范园和全国足球特色幼儿园，赢得周边百姓的一致称赞：“保育费不高，幼儿园环境和老师都这么好。开办普惠性民办幼儿园这事，必须为咱政府点赞。”

为了解决“入园难”问题，天津市多措并举增加幼儿园学位资源供给，10年间全市新增21万个幼儿园学位。积极扶持民办园提供普惠性服务，实施税收、水电气热价格、培训等8项优惠政策，给予生均年补助。截至2023年5月，全市共认定580所普惠性民办园，10.2万名幼儿从中受益。

家家都有小，人人都会老。人民的美好生活里，不仅有孩子的笑声，更少不了老人的幸福。家住河西区惠州里的黄奶奶，2021年做完膝关节置换手术出院后，在家门口的居家养老服务中心住了2个月。除助餐、助医服务外，这里还能提供助浴、助急等服务，并开展文化娱乐活动。康复回家后的黄奶奶，几乎每天还要回到这里转转。家门口的居家养老服务中心已成为她的第二个“家”。

不离开熟悉的生活环境，就能享受专业的养老服务——这是许多老年人心目中理想的养老模式。民之所盼，政之所向。近年来，天津新增养老机构床位2万张，老年日间照料服务中心（站）达到1357个、“老人家食堂”达到1701家。在大力建设居家养老服务中心的同时，我市已建成兼具居家、社区、机构功能的养老服务综合体 169 个，让老人在家门口熟悉的环境中就能享受专业化、多样化、一站式的养老服务。

（三）生命健康，用心守护

面对突如其来的新冠疫情冲击，在以习近平同志为核心的党中央坚强领导下，经过全党全国各族人民的同心抗疫，我国取得疫情防控重大决定性胜利。天津坚决贯彻落实习近平总书记重要指示要求和党中央决策部署，把人民至上、生命至上的理念付诸实际行动，坚持外防输入、内防反弹，坚持动态清零，大力弘扬伟大抗疫精神，高效统筹疫情防控和经济社会发展，充分发挥基层党组织优势，无论是“一船两机三楼”遭遇战还是进口冷链阻击战，无论是“首战”奥密克戎还是筑牢免疫屏障，无论是守护首都疫情防控“护城河”还是驰援兄弟省市，努力做到统一高效指挥、有力有序保障，科学精准、以快制快，未雨先绸缪、急情用重力，倾心倾力守护人民群众的生命安全和身体健康。在全市人民的共同努力下，我市疫情防控工作取得战略性成果，最大程度保护人民群众生命安全和身体健康。

全力真情守护，犹如及时之雨，温暖百姓之心。“亲爱的父老乡亲，您的身体健康，牵动着我们的心……”在 76 岁的王爱珍老人家里，一封粉色的信被平平整整地压在书桌玻璃板的下方。2022 年 12 月 18 日，天津开始向重点人群免费发放包含解热镇痛、止咳化痰等药物和 N95 口罩等防控用品在内的“健康防疫包”。那一天，王爱珍收到了社区人员送来的“健康防疫包”和一封市委、市政府写给群众的信。她感动地说：“党和政府一直记挂着我们老年人的健康，我这心里热乎乎的。”

完善公共卫生体系，增强医疗服务能力，护卫人民群众健康。党的十八大以来，天津坚持以人民为中心，加快优化医疗卫生资源配置，推进优质资源扩容和区域均衡布局，新建北京协和医学院天津医院、市第一中心医院新院区等一批优质医疗资源，完善分级诊疗体系，着力解决群众看病难、看病贵问题，提升医疗服务水平。

家住蓟州区下仓镇的小杨说："现在，家门口有了'胸痛救治单元'，我父亲就是抢救后，通过这里的绿色通道及时就近转诊到了大医院的'胸痛中心'，第一时间完成了介入治疗。"救治患者，时间就是生命。截至 2023 年 5 月，天津已有 26 家基层医疗机构通过"胸痛救治单元"验收。到 2023 年底，天津计划至少建成 100 家标准"胸痛救治单元"，大力提升乡镇卫生院等基层医疗机构的心血管疾病急救能力。在打通胸痛救治起跑"第一公里"的同时，百姓家门口的"国医堂"也打通了中医药服务的"最后一公里"。截至 2023 年 5 月，天津全市所有的社区卫生服务中心和乡镇卫生院能够提供 6 类 10 项以上中医药适宜技术服务，"15 分钟中医药健康圈"已基本实现。

（四）圆梦安居，照亮幸福生活

心系安危冷暖，安得广厦千万，百姓尽得欢颜。过去 5 年，天津为 36 万户居民解决了历史遗留的房产证难题，完成 160 多万平方米棚户区、9400 万平方米老旧小区、2.2 万户农村困难群众危房改造。

初夏的红桥区子牙河滨河公园内，草长莺飞，花繁叶茂。谁能想到，这里曾是棚户区——郭家菜园渔民村的前身。2017 年之前，384 米的堤坝上住了 563 户人家，吃喝都在河里，垃圾直接倒进河里；冬天像冰窖，夏天不敢开窗；全村共用一个旱厕……这是百年"渔村"生活的真实写照。老孙一家 4 口，挤在 12 平方米的小房子里，一住就是 40 年。得益于 2017 年天津市全面启动的中心城区棚户区改造三年清零行动，2018 年 6 月，"渔村"居民终于圆梦。那个夏天，仅用 13 天时间，有着 130 年历史的老"渔村"完成了搬迁。120 平方米的三室两厅，是 66 岁的孙立柱和妻子的新家。作为土生土长的“渔村”人，老孙永远忘不了 5 年前，一家人搬离“渔村”时的情景：“我妈坐在轮椅上，抹着眼泪念叨着‘窝了一辈子，没想到还能活着搬出渔村，我打心眼儿里感谢共产党’。”

棚户区三年清零，一户不落——这是天津市委、市政府对人民的郑重承诺，字字千钧。截至 2019 年底，天津全面完成市区 147 万平方米棚改任务，30 万群众“出棚进楼”。为了给百姓打造更加宜居的生活环境，2022 年，全市大力推动老旧小区改造和城市更新，共完成 123 个老旧小区改造，惠及 7.52 万户居民。

不忘初心，方得始终。人民群众高品质生活的新期待，就是保障和改善民生工作连续不断的新起点。牢记殷殷重托，倾力久久为功。这座城市不断书写着民生答卷：连续 7 年提前和延长供暖期，百姓身暖心更暖；12 条入海河流水质全部消劣，空气和水环境质量均达到监测以来最好水平；建成一批“口袋公园”，百姓转角就能遇见美；新建和改造一批标准化菜市场，15 分钟便民生活圈更加完善；轨道交通通车里程达到 286 千米，建成一批城市主干路网工程，市民出行更加便捷；坚持和完善“向群众汇报”工作机制，扎实开展“我为群众办实事”实践活动……

“三个着力”，领航天津；思想灯塔，标注航向。党的十八大以来，天津沿着习近平总书记指引的方向，在新时代新征程上奋楫争先、劈波斩浪、阔步向前。

党的二十大擘画了全面建设社会主义现代化国家、以中国式现代化全面推进中华民族伟大复兴的宏伟蓝图。天津坚持以习近平新时代中国特色社会主义思想为指导，精心组织实施推动高质量发展“十项行动”，扎实推进高品质生活创造行动，全面建设社会主义现代化大都市。一张张保障和改善民生的新答卷，一幅幅人民美好生活的实景图，正在海河两岸书写绘就、徐徐铺展……

后　记

在校委的高度重视下，成立了由校委主要领导挂帅的本书编委会，相关教研部领导和部分教师参与了编写。承担本书编写工作的人员有：第一章，周巍、马兆亭、曹冬梅；第二章，贾锡萍、张国亚、田野；第三章，张玉庆、栾江、于明言、孙媛、吴婷；第四章，王健、徐芳芳、唐巍、周超；第五章，孙明增、杨童；第六章，罗琼、王坤岩。在编写过程中，各位老师深知“击石乃有火，不击元无烟”，以严谨的作风不辞辛劳，深入调查研究，查阅大量资料，走访多个部门，力争数据准确完整、客观真实，经得起历史检验。在各位撰写人员的不懈努力下，本书顺利完成。“龙文百斛鼎，笔力可独扛。”希望本书可以通过对天津市中国式现代化之路的总结回顾，给大家以启迪，进一步深入践行习近平总书记关于天津发展“四个善作善成”重要要求，不断开创全面建设社会主义现代化大都市新局面，奋力谱写中国式现代化天津新篇章。